U0138943

國際觀光禮儀

Etiquette for Tourists

詹益政（James I. C. Chan）著

五南圖書出版公司 印行

再版序

　　本書出版以來，歷次承蒙各界厚愛與支持，廣加利用，不但作為觀光科系教材，更成為出國觀光人士以及商務主管必備之社交禮儀寶典，無任感銘。

　　為適應日新月異的國際朝流，以及提升國民對國際禮儀知識的品質，並配合各方迫切應用的需求，藉此，再予增加國外日常生活禮儀，期能提供更加完美的資訊，以報答讀者的愛護與鼓勵。

　　此次再版得以順利付梓，首先應感謝福容大飯店執行副總楊上輝，台北福華飯店廖東漢副董事長、公關徐家瑜經理、房務部黃卓明經理、房務部歐哲彥副理等熱心專業人士提供場所，更承蒙文大觀光系翁助教以柔江時函小姐，蔡幸芳小姐親自參與示範於圖片，還有五南圖書黃主編惠娟及胡編輯天如小姐們，全力支持協助，在此，表達十二萬分的謝忱。

作者

詹益政

自 序

　　觀光旅遊對個人來說，可以提升生活品質，開拓自我視野，增進見聞；對國家來說，可以促進邦交，敦睦友誼、宣揚文化及樹立良好形象。

　　近幾年來，隨著資訊化、科技化及全球化一日千里，國際往來更形頻繁，出國觀光人數與日俱增。

　　要成為一個具國際觀的旅行者，必須具備國際視野及胸懷，並能通曉國際語言，更應學得觀光禮儀，透過優雅舉止言談，才能與國際友人順暢溝通，留下溫馨美好的印象，而達到拓展國民外交的使命，並贏得他們的稱許與尊敬。

　　本書是根據作者多年來從事餐旅業的體驗與教學的經驗，加上旅遊世界八十幾個國家的見聞，以及在全國各地大專院校、公私機構及民間社團演講的點點滴滴所寫成的心得，因此，內容不務空談，不涉泛論，切合實際，不但適合觀光科系學生及從業人員進修參考，更希望能夠與熱愛旅遊的朋友們分享：「禮」遊觀光，享盡禮遇的風光。

　　不過，觀光涉及範圍甚廣，難免有所疏忽或錯誤之處，盼望諸前輩先進，多多指正。

　　本書能順利完成，實有賴於許多熱心人士的奉獻與合作，如吳陳麗華女士的編校、謝燿洲先生及詹玉齡小姐的蒐集資料，徐淑美、游靜宜、江東容小姐等提供個人照片，還有各位編輯同仁王兆仙、林怡

倩以及出版社的大力支持，在此表示衷心的感激。

　　尤其承蒙下列各位理事長聯合強力推薦，一併致最誠摯的謝意。

　　中華民國旅行商業同業公會全國聯合會

　　　　　理事長　曾盛海

　　　　　祕書長　許高慶

　　中華民國觀光領隊協會

　　　　　理事長　蕭志洋

　　臺北市導遊協會

　　　　　理事長　林德仁

作者

詹益政

二○○六年六月

CONTENTS

目錄

緒　言

國際禮儀的重要性
觀光禮儀的真義

國際禮儀的重要性

由於科技的現代化，教育的普及化，社會的資訊化，以及觀光的頻繁化，已經加速了環境國際化的腳步，使得每一個現代人都必須要有經濟人的理念，政治人的應變，社會人的關愛，文化人的氣質與國際人的視野和胸懷。

要成為國際人基本條件有以下幾個要素：

Attitude：翩翩的風度、端正的儀態。

Behavior：優雅的舉止、適切的禮儀。

Conversation：風趣的談吐、外語的能力。

Diplomat：圓融的外交、良好的公關。

Education：豐富的學識、國際的教養。

要培養這些素質，學習國際禮儀，才是邁向成功國際人的第一步，因為吸收各國多采多姿的文化精華才能養成國際觀和世界觀的視野與胸懷。

觀光禮儀的真義

發自內心的誠意和敬愛，形諸於外的行動和關懷，並秉持「己所不欲，勿施於人」的精神，才是禮儀的真義。人間要有禮，才有溫馨；社會要有禮，才會祥和；而天下要有禮，才會和平。學習觀光禮儀就是想藉旅遊觀光的機會充分展現我國「富而有禮」的國民風度，促進文化交流，加強國際友誼，及增進人類合作的功能，俾能達到觀光的最高使命——世界和平的境界。

因此「觀光禮儀」可以說是通往世界和平的一本無價的護照！

準備篇

一、觀光的意義

觀光：提升文教氣質的友誼產業

　　觀光所產生的文化效果比經濟效應更能引起人們的重視，因為人與自然的接觸，或人與人的交往，可以充實人類的精神生活，亦可提升教育、娛樂及國際外交的成果。不過，在此我們應該稱為 1. 直接體驗的效果；2. 促進文化交流。

(一)直接體驗的效果

　　觀光對旅遊者本身來講是一種直接的體驗。因為藉由觀光可以增加新的知識及豐富人生。觀光的教育效果是以直接的體驗獲得的，如觀摩、視察、考察等，旅行就是以直接的體驗去增加知識的。所以培根曾經說過：「旅行對年輕人是一種教育，而對老年人是一種經驗的累積。」

　　所謂觀光活動，必須具備三個條件：1. 對健康上的貢獻；2. 對社會生活產生良好的影響；以及 3. 具有創造再生產力的功用。即藉觀光的直接體驗，可以恢復身心的疲勞，學習社會的禮節與規範，並能增強工作或學習的活力。這些效果若由國民生活的角度去衡量，就是發揮了國民福利的功能。

(二)促進文化交流

　　觀光的另一個效果是促進文化交流。過去，他國或異地的文化是靠商人、藝人等的旅行去傳達，古時的絲路不但對貿易的促進，甚至於對東西文化的交流也貢獻頗鉅。根據馬可波羅的體驗所描寫的《東方見聞錄》，在當時十四世紀初可以說是介紹東方最初的見聞錄，它不但提高了歐洲人對東方的關心與興趣，也是促成後來發現新航路與新大陸的遠因。

觀光雖為享樂而旅行，但在旅行期中所獲取的寶貴知識與經驗，不但能傳達給異國人士，而來訪的觀光客也能接觸到當地異國的文化光采。在現代，由於大眾傳播工具的一日千里，使得觀光所能擔任傳達文化的機能也許稍為減低，但人類的行動方式，基本上還是需要藉由人與人的接觸，才能表達情意與引起共鳴。由此可見，觀光對國家與國家間的友誼加強，國際親善關係的建立，以及促進國際間的相互了解。甚至在國民外交上所扮演的角色，確有難以評估的功勞。因此才把它稱為：「An Industry Of Friendship」（友誼的產業）。

二、出國前應具備的常識

培根曾說過：「旅行對年輕人是一種教育，對老年人則是一種經驗的累積。」的確，旅行不但能滿足求知的慾望，更促進國與國之間的文化交流，建立國際親善的關係。相反的，如果出國的人，不懂觀光禮節，以致有不當的言行或藐視當地的風俗法制，勢必引起當地居民的反感，影響整個國家的形象。如何做準備呢？只要在出國前學得觀光禮節，不但能充分發揮國民外交及文化交流的功能，自己也能享受一個既輕鬆又愉快的難忘旅行。

㈠旅行裝備

1. 出國觀光的文件應多影印兩份，以防遺失。一份留在國內，一份與正本帶出國外，但必須與行李分開。萬一遺失，申請補發可節省時間及手續。

2. 世界時間表、指南針、望遠鏡及可放於口袋中的小型照相機要小心保管，以免引人注目，成為被搶的目標。

3. 攜帶個人常用藥品及醫師的處方，因為國外藥房買藥，需要處方。

4. 出國前應好好研究當地禮儀、風俗習慣，學習一些當地語言，如

能學習一兩首當地民謠更可促進友誼的交流。

5. 出國應特別注意自己生命的安全，最好身上放一張名牌，以防萬一，如倒在路上不省人事，旁人才可協助。名牌書寫「緊急連絡人的電話」、「註明有無戴假牙」、「有無使用隱形眼鏡」、「血型」及「對哪一種藥物過敏」，以備醫生急救時的參考資料。

6. 女性在出國前，最好學習幾招對付色狼的防身術。

7. 最好帶兩件行李，並做特別記號，以免被人拿錯。

8. 所帶禮品應符合對方國家習俗，以免觸犯禁忌。

9. 宜帶旅行支票及信用卡，勿帶太多現金，以免遭搶。如果帶現款，每次不宜超過兩百元美金，而且帶些零錢以便當小費用，最好分開放以免被偷竊。

10. 隨身帶著哨子。女孩子在國外，夜間最好不要單獨行走，或獨自搭乘電梯。萬一遇到歹徒不要喊叫「Help」，而應該喊「Fire」。因你喊火災，大家以為自己的家發生火災都會跑出來，自然救了你的命。

11. 女性的旅行服裝，最好要富有變化。就是說，一件衣服，只要更換裝飾品，或有幾種不同的穿法，就能適應各種場合。同時，也應準備應酬的禮服，例如旗袍或長禮服，並學習西洋禮節，以免在國外出洋相。

選擇旅行裝備應注意「輕便舒適多機能性」、「容易攜帶、容易洗且易乾」及「不易起皺變形」，而且口袋要多。總之，出國所攜帶的東西，要輕便、實用，也要考慮當地的禮節與風俗習慣，以及自己旅程的活動節目，才能享受到真正的旅行樂趣。

(二)旅行規範

➤根據美國汽車協會，建議旅行者應遵守旅行十戒：

1. 飲酒不要過量。

2. 不可亂交異性。

3. 金錢不宜露白。

4. 視場面注意服裝。

5. 學幾句訪問國的簡單會話。

6. 盡量不單獨外出。

7. 注意舉止談吐。

8. 不可有優越感的表現。

9. 購物不要隨便議價（看地點與情況而定）。

10. 記住當地的禁忌，要入境隨俗。

➤日本旅行業協會則訂有旅行應注意之九項規範：

1. 除應遵守當地禮節外，更應遵守該地的宗教風俗與習慣。

2. 切勿因團體行動的心理作祟，以致在行為舉止上引起不必要的誤會。

3. 機場內、飛機上、旅館內等社交場所，不可有妨礙到別人的舉動。

4. 出入餐廳酒吧等地，不可大聲喧鬧。

5. 服裝應視場所時間狀況之不同而有適切的穿著。

6. 乘坐電梯、車輛、餐廳門口出入應遵守「女士優先」的原則。

7. 飲酒應適可而止，不可酒醉失態。

8. 要拍照時應尊重該地的法律與習慣。

9. 過度的冒險，或不健康的夜生活，是受傷及生病的起因。

三、了解觀光目的地之現況

無論到任何地方去觀光，事先應就以下八個事項先作詳細調查了解，以便確保自己的安全。

㈠政情：觀光目的地是否有發生戰爭或暴動的危險性，事先要作周詳

的調查。

(二)治安：扒手盜賊多否？單獨在街上走路危險否？夜間逛街安全否？

(三)環境：如在海灘游泳安全否？

(四)疾病：對當地的流行病是否有預防對策？有無毒蛇或其他害蟲？

(五)天災：地震、颱風、火山爆發的危險性如何？

(六)衛生：當地的水能否生飲？旅館以外的餐廳衛生管理又如何？

(七)旅館：竊盜發生事件多否？防火安全設備周全否？

(八)交通：安全性如何？易塞車否？

上述事項，經過調查後，如無問題才能著手旅行的準備工作。

至於在旅遊地，應隨身攜帶行動電話及自身名片，並牢記著治安單位或緊急聯絡處的電話號碼及連絡人，以便必要時打電話求援。謹慎選擇投宿旅館，盡量不要單獨投宿環境複雜或聲譽不佳的旅館。

進入旅館前應該注意周遭的安全、逃生設備和緊急聯絡設施，並察看房內、浴室和客廳各角落有無偷窺和針孔攝影機等。

同時盡量不要單獨使用電梯，在外面也不要隨便搭乘便車，如要搭計程車最好請旅館的守衛或服務中心代訂，因為有些旅館與車行都訂有長期的合作契約，較為可靠，即使沒有訂約，旅館會記下計程車牌號，較可放心。

四、選擇旅遊地的 12 個「S」因素

在決定觀光地之安全性後，進而以下 12 個 S 基本的旅行要件，考慮當地的吸引力及觀光特色：

(一) Season——首先要有適合旅行的季節，並不一定要四季如春，但必須每一季節各有變化，各有吸引旅客的特色與魅力。

(二) Sport——有新鮮刺激的野外運動、遊戲。

(三) Saving——旅費必須適中、合理而大眾化，以經濟實惠為原則。

(四) Security——旅客的生命財產，確實能加以保護，才能安心而專心

去享受旅行的樂趣。

(五) Servise——服務周到與否，也是一個重要的關鍵。

(六) Sincerity——當地人民是否有真摯的熱誠與友善，樂於歡迎外賓。

(七) Sanitation——環境衛生是否優良，攸關旅客的健康，尤以飲食為甚。

(八) Sight Seeing——探訪山明水秀，欣賞古色古香的名勝古蹟，乃是觀光客的真正目的。

(九) Shopping——購買異地稀奇之紀念物品，不但增加旅行的情趣，並留下永遠難以忘懷的回憶。

(十) Show——欣賞當地民間奇風異俗的表演，也是觀光客所期望的。

(土) Special Events——參觀異國多彩多姿的特殊節目或慶典，更增添旅行的情趣。

(圭) Smooth——旅行最怕麻煩的手續，所以盡量簡化一切入境驗關手續。

五、怎樣克服文化衝擊？

到國外旅遊觀光，由於各地風俗習慣及文化背景的差異，有時不免會遭遇到不同程度的困擾，這時候應用以下方法來克服所面臨的文化衝擊：

(一)語言方面

應多交談、交流，讓彼此容易溝通了解，當然到國外去應先充實自己的外語能力，這是最基本的條件。

(二)風俗習慣

除了加以肯定外，應多研讀該國之歷史文物，以便有更深一層的了解。

㈢宗教

努力去理解各種教義，並尊重宗教信仰的自由。

㈣食物

盡量給予接受，並不要排斥或嫌惡，進一步更應去享受異國不同情趣的美食，才不虛此行。

㈤常識

學習他人之優點，不可加以輕視，或有自卑感的態度。

㈥國民性、地方性

應多加以觀察，並由書籍及對方身上去學習和體驗。

㈦價值觀

多努力去了解，更應該多汲取對方的優點，例如北美的文化有以下八點特性：

1. 與對方說話時，彼此之距離應保持一公尺之間隔。
2. 通常稱呼對方的名字，表示友善親切。
3. 握手時，力道應簡短而堅實，以表誠懇。
4. 平常不碰觸對方身體。
5. 說話時，應正視對方眼睛，否則表示不誠懇或有所隱藏。
6. 不問私人問題，例如：年齡、宗教、政治立場、薪水、所購買東西之價格等。
7. 同樣用手指表示Ｖ形時，正面代表勝利，反面則是有羞辱他人之意。
8. 講笑話被認為能促進消化及加強人際關係。

六、國際手勢意涵

手　　勢	意　　涵
1.親吻手指	意指「哇！美極了！」，所稱讚的對象可以是女人、美酒、香車或球賽等。
2.輕捏下巴	在義大利意指「無聊」、「別說了」。在巴西與巴拉圭意指「不知道」。
3.耳旁以指劃圈	意指「瘋子」，在荷蘭則表示「電話來了」。

（續）

4.點頭	多數國家表示「是」，在希臘則表示「不是」。
5.頭旁劃螺絲起子	在德國，此強烈表示「你瘋了！」，經常是駕駛對遊客的開車技術嗤之以鼻。
6.敲頭	在祕魯與阿根廷表示「我正在想」或「想一想」，其他地方可表示「他瘋了」。

（續）

7.垂直號角	在義大利指「你被戴綠帽了」，在巴西則可表示「祝福」之意。
8. V字	掌心朝外的 V 表示「勝利」，掌心朝內的V表示「鋤掉它」，非英語系國家常表示「再來兩瓶（啤酒）吧！」。
9.頭往後仰	在南義大利、希臘與突尼西亞表示「不認可」，在德國與北歐則是打招呼的動作，在印度則表示「是」。

（續）

10.水平號角	在多數歐洲國家是對邪靈的自衛動作，在一些非洲國家（常以食指與中指指著對方）則是咒罵「邪惡之眼」於他人。	
11.招手	在中東與亞洲，招手使喚人，為非常沒禮貌的行為，但多數國家以掌心向下呼喚或全掌招手並沒問題。	
12.圈指（食指與拇指相觸）	在美國言表「Ok-ay！好的！」，在巴西與德國有下流之意；在希臘與俄羅斯，為非常沒禮貌。在日本則代表「錢」，在法國的南方則代表「零」或「不值錢」。	

（續）

*13.*食指與中指相交疊	多數歐洲國家表示「保佑」或「祝福你」，在巴拉圭則是沒禮貌的動作。	
*14.*彈指	在法國與比利時，以兩手同時做，非常下流。在巴西則表示「很久以前做的事」。	
*15.*挑起眉毛	在東加表示「是」或「我同意」，在祕魯表示「錢」或「付我錢」。	

（續）

*16.*眨雙眼	在台灣，對人眨眼是不禮貌的。	
*17.*眨單眼	對女人表親切的眨眼，在澳洲是不適宜的動作。	
*18.*食指拉拉眼皮角	在歐洲與拉丁美洲表示「小心」或「我很留意」。	

（續）

19.輕彈耳垂	在義大利示意有一個娘娘腔的紳士在。	
20.捏住耳朵	在印度意表「懺悔」或「真誠」，在巴西捏住耳垂表示「感激」。	
21.鼻前圈指	在哥倫比亞表示在談論之當事人是同性戀者。	

（續）

22.輕敲鼻頭	在英國意指「機密」，在義大利表示「友善的警告」。
23.拇指拍鼻	在歐洲表示「嗤之以鼻」，以雙拇指更加強調。
24.皺鼻子	在波多黎各意指「怎麼啦？」。

（續）

25.食指鑽頰	在義大利表示「讚賞」。
26.輕撫下巴	在希臘、義大利及西班牙意指「哇！帥！」；在南斯拉夫指「成功」；其他國家則指「生病」或「瘦小」之意。
27.搖手	美國人搖手表示再見，在歐洲和拉丁美洲則理解為不。

（續）

28.握緊拳頭，翹起大拇指	是美國人請求搭便車的手勢，但在澳洲和奈及利亞卻是下流的手勢。 

七、各國民族特性之比較

下表是根據林語堂先生曾用化學公式表示各國民族特性的重新整理出來，供大家參考。他認為最理想的是：$R_3D_2H_3S_2$，數字越高，表示強度越高。

表 1　各國民族性比較表

項目 國家	（R） 現實主義	（D） 理想主義	（H） 幽默感	（S） 敏感度
英國	3	2	2	1
法國	2	3	3	3
美國	3	3	2	2
德國	3	4	1	2
蘇聯	2	4	1	1
日本	2	3	1	1
中國	4	1	3	3

美國的散文作家 Austin O'malley 曾解說各國民族，思考方法的不

同，頗饒趣味。他說：保守的英國人是坐在椅子上思考，法國人因沒有耐性，是站起來想，美國人好動，所以邊走邊想。

而容易激動的愛爾蘭人，根本不思索就先行動，做了再說。有人補充說，日本人是轉來轉去的思考，德國人做了再想，而我們中國人卻躺在床上慢慢想，明天再講。

如果啤酒裡掉進蒼蠅，英國人很乾脆，付了錢掉頭就走，美國人很生氣，馬上叫服務生來換新的再喝，俄國人不會發覺一口就把它喝乾。

八、辦理出國手續

多多利用旅行專家、省時省力、輕鬆又愉快。

最近根據城鄉旅遊雜誌報導，有些出國前該辦理事項，如能交給專業公司辦理，可以加速完成又能確保安全。

(一)旅行文件

如簽證、護照等，可以交給

Travisa（www.travisa.com）

Zierer（www.zierer.com）

Cibt（www.cibt.com）等公司於二十四小時內可辦好。

(二)把握飛航動態

透過 Orbitz 網站，或 E-mail、PDA、或手機，隨時了解飛航現況。又美國通運所推出的 Eskyguide，如繳年費七十九元，當你的原班機被取消時，可用最快速度替你找代替的班機。

(三)病歷資料

Passportmd 公司可為你代製名片大小的病歷資料光碟，可以攜帶

方便。

㈣先運大件行李

Luggage Express 公司（www.866shipbags.com），可以到你家或旅館取行李，負責運送到目的地。

㈤代雇當地司機

Carey International（www.ecarey.com）公司，可代找能說英文可靠之當地司機，為你服務。

又根據加拿大溫哥華國際機場管理局在二〇〇五年九月三十日正式宣布，DELTA 酒店在機場和溫市的分店，將設有可進行自動辦理機票登機手續的系統（Common-Use Self-Service）〈CUSS〉Check-In Kiosks。此設備可使住酒店的客人在酒店內，辦理機票的登記手續後馬上拿到登機證，而不必在機場排隊、等候浪費時間，不過隨行行李就要在機場辦理託運手續。

據中央社報導，（二〇〇五年十一月十八日），香港國際機場將實施全球首創跨境預辦登記手續服務，即中國旅客從深圳蛇口搭乘渡輪前往香港機場搭乘飛機，可在深圳蛇口客運碼頭享用一站式的預辦登記手續，也就是可以在碼頭領取登記機證及辦理行李之託運，乘船抵達香港國際機場後，毋需再辦理任何手續即可登機，而行李將託運至轉乘的航機。

交通篇

一、飛機旅行

飛機上的禮節

㈠坐在靠走道時，不要伸出手腳以免妨礙別人走路。
㈡坐在中間座位，每次要出來時，應說聲「對不起」。
㈢若要常去洗手間，可試探對方能否跟你換座位。
㈣不要把行李置放到別人位子上。
㈤不要斜眼或偷看別人正在閱讀的雜誌或書報。
㈥應隨時保持洗手間乾淨，且不要佔用太久。
㈦不要擋住別人看電視的視線。
㈧對待空服員應有禮貌。
㈨不要喋喋不休，妨礙別人睡眠。
㈩飲酒要節制。
(十一)不吃令人難以忍受的怪味食物。

小智囊

㈠機上座位以主翼前面較安靜，但尾翼的好處是行人來往少，空間較寬大。至於前面空服員正對面的座位因靠出入口空間大，且逃生較快。如須經常出入洗手間，當然是靠通路最方便。
㈡如要吃素食（當然其他特殊餐食也一樣），可在訂機票，或事先訂位時訂定。在用餐時間，你的素食會早於其他餐食優先供應服務，讓你覺得享受特別禮遇。
㈢用餐時如果一人份的份量不夠食用，只要很有禮貌地向空服員要求，一般都會再給你一份或半份。
㈣在機上也可請空服員給你整套的寫信用具，如明信片等，利用時間寫信打發時間；或要撲克牌，玩後又可當紀念品。
㈤在機場櫃台辦理託運行李時，可索取行李標貼註明：「Fragile」意

即「易碎的」，這樣你的行李將會被更小心地搬運。

㈥最好把你的託運行李，照相留存，以便萬一遺失或延誤到達，查詢確認時，可將這些照片提供給航空公司參考。

㈦行李箱、皮箱等因怕有類似的造型者，易被誤取，最好用特別與眾不同的標示或貼紙、色帶做記號，同時，應利用皮製半遮蓋的姓名標籤，不要把姓名全部露出，以防他人偷看利用。

如何預防時差的困擾

㈠最好在出發前多做運動，並有充足的睡眠，而且不要喝酒。

㈡到達機場後，不坐電梯，盡量步行。

㈢在機上少喝酒精類或咖啡飲料，但要多喝水。

㈣作適度的步行與輕度的伸展身體，如洗臉、刷牙等。

㈤穿寬鬆的衣服，並利用耳塞、眼罩，或小枕頭。

㈥到達目的地後，盡快晒太陽。

經濟艙症候群病

㈠如何預防「經濟艙症候群病」？

這種病是因為在機上，雙腳運動不足及血液中缺乏水分所引起，而致使腳的血液中形成血栓，將血液倒流到肺部、塞住血管，以致呼吸困難、胸部疼痛。嚴重時，可能危及生命。

防患之道就是在機上，每二小時，趁前往洗手間之便，在走道做伸屈運動，或每小時做三到五分鐘的腳跟上下運動，應多補充水份或果汁，同時盡量穿著輕便寬鬆的衣服。

根據過去經驗發生飛機事故率，最高的時段是起飛後離開陸地三分鐘及降落時的八分鐘。航空公司把這段時間稱為最危險時段。據統計，降落時發生事故佔 45%，而起飛時的事故則約佔 12%。

目前飛機的設計已經在理論上和實際上都將安全性、經濟性及舒

服性等因素列為綜合考慮。不過，航空公司為期飛行安全均進一步注意加強提高飛行員的素質，強化他們應付危機處理的能力以減少嚴重事故的發生，並維持安全性外，更須有準確的天氣預報等因素，才能有效地保證飛行的安全。

(二)不適合搭乘飛機的人有那些？

平時就有心肺血液疾病，或胸痛、呼吸困難者，搭機時心肺衰竭風險比一般人高；一般醫師會建議，血液中血紅素含量低於 10 單位的人，不要搭機。通常由一樓爬到二樓就會喘的人，上機需要特別治療，再者，腦部外傷、腦出血或腦瘤者不適合搭機。

剛剛動完腹部手術的人，一兩週內不可搭機，因為高空氣體膨脹，會讓縫線爆裂，還有肺動脈高壓、先天性心臟病者，最好還是不要搭機。

如何選擇航空公司

一般旅客在選擇航空公司時，最普通的判斷方法是：
(一)該公司的經營是否健全？
(二)近年來有無發生空難？
(三)發生引擎的事故多否？
(四)所用器材新舊如何？
(五)機齡年輕否？
(六)出發時間準時否？

這些事項都可參看報章雜誌等報導及統計或評鑑資料作參考。

航空公司評鑑

根據英國 Skytrax 研究所發表，二〇〇五年國際性航空公司評鑑結果為：

最好的航空公司前十名：

(一) CATHAY PACIFIC

(二) QANTAS AIRWAYS

(三) EMIRATES

(四) SINGAPORE AIRLINES

(五) BRITISH AIRWAYS

(六) MALAYSIA AIRLINES

(七) THAI AIRWAYS

(八) QATAR AIRWAYS

(九) ASIANA AIRWAYS

(十) ANA ALL NIPPON AIRWAYS

最好的機場前十名：

(一) HONG KONG INT'L AIRPORT

(二) SWGAPORE CHANGI AIRPORT

(三) SEOUL INCHEON AIRPORT

(四) MUNICH AIRPORT

(五) KANSAI AIRPORT

(六) DUBAI AIRPORT

(七) KLIA KUALA LUMPUR

(八) AMSTERDAM SCHIPHOL

(九) COPENHAGEN AIRPORT

(十) SYDNEY AIRPORT

二、遊輪旅行

　　遊輪旅遊的魅力就是旅遊者，只要坐在溫暖舒適的船艙內或在甲板上，就能盡情領看一望無際的海洋上瞬息萬變的壯美奇觀及欣賞所停靠各地的景觀，更能享用美酒佳餚。

　　旅客以船為家，無須艱苦跋涉，是以遊輪旅遊被譽為「活動的旅

館」，自有其道理。

　　如何才能訂到物超所值，適合自己所需求的遊輪呢？首選應根據自己的經濟能力和旅遊目的，比較各種不同遊輪的服務品質，再去訂定適合自己所期望的航班。

　　先就下面的問題，找出方案：

㈠想在什麼時候出發？目的地是哪裡？

㈡希望多久的遊輪旅遊時間？

㈢希望來回遊輪旅程，還是單程的？

㈣選擇哪一種船艙？

㈤選擇哪條航線？

㈥是否全家出遊？有無小孩同行？

　　上面的問題得到初步方案後，再考慮自己的預算，配合自己的期望，最後決定適合自己的航線。

　　通常遊輪航線，根據其服務水準及設備品質等，可分為如下：

㈠標準級、高級和豪華級。

㈡航線等級也影響票價的高低。

㈢參加家庭旅行者，第三個人能享受特惠價。

㈣如果必須利用飛機才能到達出航港，有可能贈送免費機票。

㈤買一送一的優待票。

　　除此之外，美國的輪船公司係採取票價變動制度，所以，要看每天預約情況的不同，價錢也隨著每天在變動，換句話說，雖然是同一天要出發的輪船，因為預約日期的不同，其價格也就不一樣。

　　因此，只要能勤於打聽，並多訪幾家旅行社比價，掌握到空閒的日期，就可以訂到意想不到的特惠票，但一定要盡早訂約。

購買特惠票的訣竅

　　一般人總以為遊輪票價很昂貴，其實，只要你仔細算一算票價內容，包括：一、移動（交通）費用；二、住宿的房價；三、每日三

餐、豪華晚餐、下午茶、咖啡、宵夜或點心；四、各種表演節目；五、體育運動設施；及六、康樂活動、免費教導跳舞、插花、美容等等，幾乎涵蓋休閒旅遊所需費用在內，確實物超所值。

何況，平時只要多留意各種優惠辦法、更能意外地買到特價票。通常有下列各種優惠：

㈠提早預約的優惠價格。

㈡對於五十五歲以上銀髮族給予特別價。

如何讓海上之旅更加豐富浪漫

㈠參與每天各種活動節目，充實海上生活體驗。

㈡隨時準備參加游泳、慢跑、舞蹈等健身育樂節目。

㈢帶上一些正式西裝或裙衣，以便出席豪華晚宴時，展現國際人的風姿與儀態。

㈣隨身攜帶中英電子字典，趁機交友聯誼，練習英語會話，增加旅途學習的樂趣。

㈤品味佳餚，啜飲美酒，學習餐桌禮儀，增添浪漫情趣。

㈥有時躺在甲板上木椅，遙望碧海藍天，遠離塵囂，徹底放鬆，享受優閒，飄飄然也會令人陶醉。

遊輪上的禮節

為了讓你在海上旅遊有一個愉快難忘的享受與美好的回憶，應經常保持輕鬆的心情，友善的氣氛，並應遵守基本的禮節：

㈠餐廳、表演處所、戲院內是禁菸的。不過大部分公共場所及房內還可以抽菸，但是，菸斗及雪茄則仍然被禁止的。

菸蒂不能丟進海裡，如參加阿拉斯加之旅，在冰河國家公園內丟菸蒂要被處罰三千美元。

㈡在船上，可以隨時使用攝影機拍攝喜歡的景物，因為版權因素，不准錄影任何表演節目。基於安全理由，岸上橋樑也不准拍攝。

㈢進出公共場所時不能穿著浴袍，非不得已時，可用外衣掩飾好。

㈣滿十八歲以上，才能進出迪斯可舞廳，年滿廿一歲始能進入賭場。
二十一歲以上才可以購買及消費酒精類飲料。

㈤如對上述年齡有所疑問時，需提示附有照片的身分證明文件。

㈥基於安全緣故，務必參加船上所舉辦的救生演習，萬一發生狀況，
也不至於驚慌失措。

㈦參加晚宴所穿服裝分三種：

　　1. 正式服裝：男性為領帶、深色西裝或燕尾服，女性則穿著晚禮服
　　　或雞尾酒會洋裝。

　　2. 半正式服裝：即平常社交時進入高級餐廳的服裝，男性為淺色西
　　　裝，領帶可隨意，女性可穿套裝（上衣配長褲）、裙子或洋裝。

　　3. 休閒服：只要不是短褲、牛仔褲和 T 恤，其他休閒裝都可以接受。

　　　註：正式服裝——Formal

　　　　　半正式服裝——Semi-Formal

　　　　　休閒服——Casual

㈧平時餐廳內也不准穿著 *1.* 短褲；*2.* 牛仔褲；*3.* 短袖圓領汗衫；*4.* 赤
腳。

㈨小費：

　　一般說來，郵輪在最後一晚，會將「小費建議表」擺放在你房間
內供參考，以下小費可放在信封內，交給服務員。

　　1. 房間清潔員：一人一間，每天美金三元，二人一間則每天美金六元。

　　2. 晚餐侍者（來點菜的）每天美金三元。

　　3. 收盤員：每天美金一元半。

　　4. 領班：每天美金一元半。

㈩甲板上的椅子不要人未出現就事先佔位。

㈠注意不要讓小孩到處亂跑亂叫。

㈡運動器材不要一個人佔用太久時間。一般以二十分到三十分鐘較為
恰當。

㈹熱水池使用時間原則上也在十五分到廿分鐘。

㈺在甲板上做慢跑運動時，應按規定時間進行，否則會影響底層客艙
　旅客的作息。

表2　二○○一年【Conde Nast Traveler】最優大型遊輪

名次	優秀遊輪名稱	船隊名稱	載客量	收費高低	評鑑總分	行程	服務	設計	餐飲	節目	活動
01	Enchantment of Seas	皇家加勒比海	2,342	$$$	8	8	9	7	6	8	7
01	Grandeur of the Seas	皇家加勒比海	2,446	$$	8	8	8	7	7	8	8
01	Sun Princess	公主號遊輪	1,950	$	8	8	9	7	7	7	7
02	Legend of the Seas	皇家加勒比海	2,076	$$$	7	8	8	7	7	7	7
02	Splendour of the Seas	皇家加勒比海	2,076	$$$	7	8	7	7	6	6	6
02	Vision of the Seas	皇家加勒比海	2,435	$$$	7	8	8	7	7	6	6
02	Voyager of the Seas	皇家加勒比海	3,838	$$$	7	5	7	8	6	6	7
02	Majesty of the Seas	皇家加勒比海	2,744	$$	7	7	8	5	7	7	6
02	Rhapsody of the Seas	皇家加勒比海	2,435	$$	7	8	8	7	7	7	6
02	Crown Princess	公主號遊輪	1,590	$	7	8	8	7	7	7	6
02	Dawn Princess	公主號遊輪	1,950	$	7	8	8	7	7	6	7
02	Grand Princess	公主號遊輪	2,600	$	7	8	8	7	7	7	6
02	Ocean Princess	公主號遊輪	1,950	$	7	8	8	7	7	7	6
02	Regal Princess	公主號遊輪	1,590	$	7	8	8	7	6	6	6
02	Sea Princess	公主號遊輪	1,950	$	7	8	8	7	7	7	7
02	Century	精英遊輪	1,750	$$$	7	7	8	7	8	6	6
02	Galaxy	精英遊輪	1,870	$$$	7	8	8	8	8	6	6
02	Mercury	精英遊輪	1,870	$$$	7	6	8	8	8	6	6
02	Disney magic	迪士尼遊輪	2,400	$$	7	6	8	8	6	8	7
02	Disney Wonder	迪士尼遊輪	2,400	$$	7	4	8	8	6	8	8
02	Queen Elizabeth 2	冠達遊輪	1,715	$$$	7	7	8	6	7	7	6

備註
1. 本表取材自二○○一年三月號《Conde Nast Traveler》旅遊月刊遊輪評鑑篇。
2. 評鑑得分以「10分」為最高分。本表僅以評鑑總平均「7分」以上者順序排名。
   其餘評鑑平均在「6分」以下者，則略過不表。
3. 各家收費高低以「$$$」表示最高，「$$」次之，「$」最便宜。最難能可貴的
   是「公主號遊輪」雖名列前茅，其價位卻均能維持於「最低廉收費」之水準。

資料來源：呂江泉，《遊輪旅遊》。

圖 1　作者參加「愛之船：Regal Princess」（帝王公主號），參觀冰山景觀

圖 2 作者與廖瑞月女士參加「愛之船：Regal Princess」（帝王公主號）船長之
豪華酒會

圖 3 作者與夫人參加火車之旅

三、火車旅行

火車旅行的優點

㈠車次密集，富有彈性、隨時出發。

㈡悠閒自得，不怕氣候變化或交通阻塞。

㈢時間充裕，可與各國觀光客交談聯誼。

㈣車內自由活動，亦可品嚐餐車提供之美酒佳肴。

㈤火車通行證，經濟方便，物超所值。

㈥行車快速，節省時間，配合個人需求。

㈦眺望窗外，美景如畫，回味無窮。

㈧豪華臥舖，享受長途旅行之樂趣。

㈨車站前名勝匯集，商店林立，資訊方便。

㈩火車之旅，多彩多姿，充滿興奮與驚奇！

火車旅行禮節

㈠車上全部禁菸。近年來禁菸風氣甚盛，挪威在二〇〇四年六月，義大利在二〇〇四年十二月，瑞士和法國自二〇〇五年底起均全面禁菸。

㈡在車上購買的酒精及非酒精飲料，必須在原購買處使用。

㈢有些火車規定不能在公共場所飲用自帶酒類飲料，除非在自己臥房內。

㈣收聽錄音帶、收音機、雷射唱片時，必須戴用耳機以保持車內安寧。

㈤未滿八歲以下兒童，不能單獨乘車。至於滿八歲至十一歲未成年單獨旅行，必須填寫「未成年旅行單」。

四、搭乘渡船須知

(一)一般規定 *1.*飲酒過量或吸毒者；*2.*行為違反安全措施者；*3.*不支付船資者，不准搭乘渡輪。

(二)如乘客所開車輛，被認為有危害安全或載有違禁物品者也不准搭乘。

(三)未滿十二歲兒童，必須由大人陪搭。

(四)航行中，所有寵物必須安排留在車輛上，或該層的甲板上。

(五)盲人的引導狗可以陪同主人在上層甲板上。

(六)凡干涉或妨礙其他乘客或工作人員者，亦不准搭乘。

五、單車旅行

騎單車之安全守則如下：

(一)單車行駛的交通規則與汽車是一樣的，注意觀察標誌及交通信號。

(二)不要在便道上或過街橫道線上行駛。

(三)騎車時，你必須戴頭盔。

(四)夜間騎乘單車須有前後燈。

(五)記住上鎖，將車輛及車體鎖在車架上，推薦使用 U 型鎖。

六、公車及捷運旅行

以下是搭公車及空中火車（捷運）時應注意之事項：

(一)在出發前應事先計畫好你的路線及乘車計畫。夜間請選擇繁華且照明充足的車站。

(二)在公車上盡量選擇靠近司機的車前座位。

(三)晚上九點後你可以要求司機將車停在你的目的地附近（兩站之

間）。你須由前門下車。（特快公車無提供此項服務）。

㈣在捷運車上請選擇人多的車廂，如果有人騷擾你，可移到其他的座
　位。

㈤所有月台都有一處被攝影機監控的黃色安全區，所以如果被騷擾，
　你可以在月台上打緊急求助電話或按下車廂內的緊急掣鈕。

住宿篇

一、旅館

認識旅館

　　訂旅館之前，最好先了解各種不同旅館的種類及房價的計算方式。只要向櫃台索取旅館的簡介或摺頁，通常都附有房價表，可以預先拿來參考。

(一)旅館的分類

　　旅館的分類大略可以「停留時間」、「地點」、「特殊立地」及「利用目的」為分類之依據：

1. 按停留時間
   (1)短期旅館（Transient Hotel），即住一星期以下。
   (2)長期旅館（Residential Hotel），通常是住一個月以上。
   (3)半長期旅館（Semi-Residential Hotel），通常是住半個月以下。

2. 按地點
   (1)都市旅館（City Hotel）。
   (2)休閒旅館（Resort Hotel）。

3. 按特殊立地
   (1)公路旅館（Highway Hotel）。
   (2)鐵路旅館或機場旅館（Terminal Hotel），亦稱為（Rail Way Station Hotel）或（Airport Hotel）。

4. 按利用目的
   (1)商務旅館（Commercial Hotel）。
   (2)公寓旅館（Apartment Hotel）。
   (3)療養旅館（Hospital Hotel）。

　　在台灣有人將「商務旅館」（Commercial Hotel），誤為「Business Hotel」，其實，那是日本的外來語，這種旅館在日本是專門供給

公務人員出差時所使用，為較低價位的旅館，其所以發生這樣的誤會是因為一般正式的商務旅館均特別設有商務中心（Business Center），即「商業服務中心」，因此一般人就引用「Business」，這一個單字稱呼「商務旅館」。

(二)旅館房價的計價方式

旅館的計價方式有以下五種，見下表。

表 3　旅館計價方式表

名稱	內容
歐洲式計價 European Plan	指房價內並沒有包含餐費的計價方式，簡稱為 E. P，例如：E. P NT$5,000，即住一個晚上要價五千元臺幣，但不含餐費。
美式計價 American Plan	又稱 Full Pension，簡稱 A. P，也就是房租裡包括三餐在內。
修正過的美式計價 Modified American Plan	又稱為 Half Pension，或 Semi-Pension，簡稱為 M. A. P，就是房價內包括二餐餐費在內。至於是午餐還是晚餐，就必須經由雙方事先講明確認。
大陸式計價 Continent Plan	簡稱為 C. P，就是房租內包括大陸式早餐在內。
百慕達式計價 Bermuda Plan	簡稱為 B. P，房租裡包括美式早餐在內。

(三)預約房間的訂金及取消訂房的規定
（Deposit And Cancellation Policy）

每一家旅館的規定不盡相同，所以在預定房間時，必須問明是否需要付訂金，金額多少，萬一臨時要取消訂房要幾天前通知，旅館不至於沒收訂金等細節，才不會吃虧。

表 4　都市旅館與郊外旅館之比較表

旅館特徵	都市旅館	郊外旅館
旅館地點	位於市中心或市區	位於都市近郊或周邊
旅館服務性質	全套服務	全套服務或限制式服務
旅館經營體制	多數採連鎖加盟經營	獨資、合夥但亦有加入連鎖加盟經營者
旅館規模	客房多者在一千間以上	客房約在二○○至五○○間
旅館設備	客房、餐廳、會議設備、休閒設施、購物商場、游泳池、洗衣服務、宴會場所設備、商務中心服務等	客房、餐廳、會議設備、宴會設備、休閒設施、游泳池、洗衣服務、商務中心服務、購物商店等，有些規模較小者則沒有全套服務設備
停車設備	許多旅館沒有附設停車場，要在附近停車場停車，並為旅客代客停車服務	設有停車場，可提供旅客停車服務，或收費或免費，依消費性質而定。

表 5　汽車旅館演進歷程比較表

特徵	tourist court	motel	motor hotel
設置地點	設置於公路旁餐廳附近	1. 設於公路旁 2. 市郊餐廳附近	1. 設於公路旁 2. 市郊 3. 市區
停車場設備	位於公路旁、旅館入口處、露天停車場、免費停車服務	位於公路旁、旅館入口處、寬大停車場、免費停車服務	位於旅館入口處、寬大停車場、免費停車服務
建築物外觀	一小排房屋	數排房屋或二、三層樓房未附設電梯	數排房屋、有數層樓房、附設電梯
客房設備及服務	客房約二十間左右，沒有客房服務、沒有附設浴室、夫婦二人負責一切	客房三十至一百間，沒有客房服務	客房三十至一○○間，有客房服務，沒有客房服務者房租較都市旅館低

（續）

餐廳設備	沒有餐廳設備	有些附設簡易咖啡廳、提供有限式服務	附設咖啡廳、餐廳、宴會廳、提供全套服務
會議設備	沒有會議設備	有些附設簡陋會議設備	設有會議設施提供國內及國際會議場所
休閒設備	沒有休閒設備	有些附設游泳池	設有游泳池健身房等娛樂休閒設施
經營型態	1. 獨資較多 2. 部分也有合夥	1. 獨資經營 2. 合夥經營 3. 多數加盟連鎖經營	1. 獨資經營 2. 合夥經營 3. 多數加盟連鎖經營

資料來源：詹益政、黃清澄，《餐旅業經營管理》。

國際性特許加盟連鎖旅館主要集團

(一)美國國際性特許加盟連鎖旅館主要集團

全球假日旅館集團（Holiday Inn Worldwide）

希爾頓旅館公司（Hilton Hotels Corp）

馬里奧特國際集團（Marriott International）

優西國際集團（Best Western International）

旅宿盟業集團（Hospitality Franchise Systems）

ITT 喜來登公司（ITT Sheraton Corp）

卡爾森全球旅館集團（Carlson Hospitality Worldwide）

甜甜客棧（Sleep Inns）

IBL 有限公司（IBL Limited, INC）

(二)加拿大國際性特許加盟連鎖旅館主要集團

四季／麗晶‧多倫多（Four Seasons/Regent, Toronto）

加拿大太平洋飯店‧多倫多（Canadian Pacific Hotels, Toronto）

得而他休閒旅店‧多倫多（Delta Hotels & Resorts, Toronto）

海岸飯店‧溫哥華（Coast Hotels, Vancouver）

珊得曼旅店‧溫哥華（Sandman Hotels & Inns, Vancouver）

㈢法國國際性特許加盟連鎖旅館主要集團

亞哥旅館集團‧艾甫里（Accor, Evry）

羅浮旅館集團（Societe du Lourve, Paris）

康百麗旅館集團‧雷幽里（Hotels & Compagnie, See Ulis）

㈣英國國際性特許加盟連鎖旅館主要集團

弗第普雷斯‧倫敦（Forte Place, London）

國際希爾頓‧沃福赫特福廈（Hilton International Watford Hertfordshire）

大陸飯店（Inter-Continental Hotels, London）

㈤香港國際性特許加盟連鎖旅館主要集團

新世界／文藝復興飯店（New World/Renaissance Hotels）

國際香格里拉集團（Shangri-La International）

㈥日本國際性特許加盟連鎖旅館主要集團

王子飯店實業‧東京（Prince Hotels/INC, Tokyo）

日亞航國際旅館‧東京（Nikko Hotels International, Tokyo）

資料來源：詹益政、黃清澤，《餐旅業經營管理》

旅館的客房種類

表 6　旅館的客房種類一覽表

客房種類	主要設施或服務　　　　　　　　ft：英尺，呎。
單人床客房	單人床、沙發，床的規格為 4 × 6.2（ft），供一人使用。
雙人床客房	一張床供兩人使用。床的規格為 5 × 6.2（ft）。
普通雙人房客房	兩張單人床。床的規格為 3.5 × 6.2（ft），供兩人使用。
豪華型雙人客房	兩張床。床的規格為 4 × 6.2（ft）。
三人房客房	兩張床。大床為雙人床，床的規格為 5 × 6.2（ft），小床供小孩使用，規格為 3.5 × 6.2（ft）。
四人房客房	兩張雙人床，供四人使用。床的規格視客房空間擺置。
兩客房中間無連通門客房	兩個獨立客房，其中間無門可接通。
兩客房中間有連通門客房	兩個獨立客房，其中間有門可接通，也可上鎖不接通。
標準套房	兩個獨立客房所構成。一為客廳及起居室。另一為寢室、浴室及化妝室，床為雙人床，規格為 6 × 6.2（ft）。
商務套房	供商賈人士使用，床的規格與標準套房相同。另附設電子資訊設施。
頂級套房	附有三種設施、客廳、起居室、臥房、會議室。另有更衣室、小廚房，未設有總統套房之旅館為最頂級之客房。
雙樓層套房	與上述頂級套房設施相似。不同之處寢室設於上一層樓，床的規格與頂級套房皆為 6 × 6.2（ft）
總統套房	為旅館最豪華、最高級之客房，供國內外元首、政商要員使用。設備齊全，計有客廳、會議室、書房、餐廳、按摩浴缸、烤箱、三溫暖、蒸汽浴室。主臥室、公主房、侍衛房。主臥室床的規格為 6 × 6.2（ft）。並提供專人侍候和高級房車服務。
殘障專用客房	客房設施適合殘障使用要件，尤以衛浴設備更具備扶手、防滑功能。
向內客房	客房沒有窗戶，若有窗戶開向內側。房租較便宜多數是單人床或雙人床客房。
向外客房	客房門窗向外，或落地窗或有欄杆陽台，可欣賞外面景觀。

資料來源：詹益政、黃清澤，《餐旅業經營管理》。

度假旅館

如何判斷休閒渡假旅館的星級？

加航為了便於渡假者選擇休閒旅館，由渡假者最喜愛的八項活動設備中，用最簡便的方式去判斷該旅館是屬於幾星級的旅館：

表 7 　度假旅館的分類表

星級 活動設備	一星級	二星級	三星級	四星級	五星級
海灘形狀	屬於多岩石的海灘	小型砂石或岩石沙灘	小型到中型，大部分屬於沙灘	中型至長型沙灘	長型的粉狀沙灘
海上運動設備	備有基本運動器材	具備「有限度」的動力器材	有各種「非動力」的器材	有各種「非動力」的器材，並加上一些指導課程	有各種「非動力」的器材，並加上一些動力的器材，而且有水肺潛水器材及教導課程
迷你型俱樂部	無人監視的遊玩區，備有限度的設備	有人監視的遊玩區，備有限度的設備	有人監視的孩童活動節目	有人監視的孩童俱樂部且有各種活動節目	有人監視的孩童俱樂部且有廣泛的節目及活動
健身房設備	備有限度的健身器材	有小空間的健身房及有限度的健身器材	有小空間的健身房及有限度的心肺舉重器材等	健身房有各種心肺舉重器材等	有最新型的健身設備及廣泛的各種器材
SPA 及美容院	備有基本的美容院	美容院有修剪指甲及指甲師	美容院有修剪指甲及指甲師並有按摩服務	有專門溫泉設備及服務	有豪華級溫泉及廣泛的服務及治療

（續）

娛樂設施	在特定日期有日間或夜間娛樂節目	每天有活動項目且夜間有娛樂節目	每天有各種活動項目且夜間也有各種娛樂節目	每天有廣泛的活動項目及各種夜間娛樂節目及迪斯可舞
餐廳設施	只有一個餐廳	有二個或以上餐廳	有個別點菜餐廳或自助餐及快餐廳	有各種點菜餐廳或自助餐及快餐廳	有精緻豪華的餐廳，包括點菜餐廳或自助餐廳
泳池設備	有小型泳池	有大型泳池	有二個或以上泳池	有設計美觀的自由式泳池	有壯觀的自由式泳池及按摩浴池

評鑑旅館的基準

(一)美國商務旅行報導、每年選出最好的連鎖旅館是根據：

1. 精於安排個人商務旅行業務。
2. 精於接辦團體，或開會旅行事務。
3. 能提供最適合開會或獎勵旅行的休閒旅館。
4. 能提供休閒地以外供開會的完美設備。
5. 設有「特別優惠制度」供法人團體利用。
6. 設有專供商務旅客享用的優待辦法。
7. 按時支付旅行社佣金。
8. 供應高品質的餐飲設備與服務。
9. 服務人員態度親切有禮。
10. 提供符合價格同值的品質。
11. 建築外觀華麗引人。

《BUSINESS TRAVEL NEWS》選出：「Best Hotel Chains」

(二)英國《商務主管旅遊雜誌》，每年選出「今年精選旅館」
是依據：

1. 表示真誠友善的歡迎。
2. 迅速辦理進館登記手續。
3. 有優質的酒吧設備。
4. 有豪華舒適的浴室。
5. 有舒服寬敞的床鋪。
6. 有設備完善的商務專用樓及套房。
7. 房間內辦公設備齊全。
8. 提供各項資訊服務的大廳專業副理信賴可靠。
9. 有優質的餐廳。
10. 有優質的宴會場所。
11. 有充實完美的休閒運動設備。
12. 提供女性商務客單獨可住宿的安全設施。
13. 精美的裝潢及齊全的備品。
14. 提供與價格同值的價值感。
15. 服務人員敬業樂群。
《EXECUTIVE TRAVEL》每年選出：「Hotel of The Year」

(三)澳洲金融雜誌；每年選出「世界頂級旅館」的必備要件
是：

1. 地點適中。
2. 交通方便。
3. 設備齊全。
4. 關心顧客。
5. 附加價值高。

6. 安全可靠。

7. 有洗燙服務。

8. 房間寬敞舒適。

9. 餐飲品質優良。

10. 氣氛溫馨。

11. 二十四小時房內送餐服務，親切周到。

12. 設有商業服務中心。

13. 餐廳、娛樂設備完善。

14. 名望形象俱佳。

15. 宴會及會議場所設備周全。

《AUSTRALIA BUSINESS》選出：「Best Hotel In The World」

㈣英國金融雜誌《EURO MONEY》則注重：

1. 地點適中。

2. 服務品質。

3. 舒適方便。

4. 客房大小。

5. 價格合理。

6. 清潔安靜。

7. 商務服務。

8. 格調高尚。

9. 餐飲品質。

㈤美國通運，《AMERICAN EXPRESS》選出十家世界偉大旅館「World Great Hotel」的依據是：

1. 地點適中。

2. 環境優雅。

3. 外觀華麗。

4.客房狀況。

5.餐廳品質。

6.服務熱忱。

7.防患設備。

(六)日本航空市調結果發現商務客最重視以下幾項項目：

1.安全可靠。

2.地點適中。

3.交通方便。

4.客房設備。

5.公司推薦。

6.高度名望。

7.價格合理。

8.其他。

(七)美國汽車協會：《A. A. A.》所謂五星級爲：

一星級：規模雖小，有稍微夠用的設備，並有適當數目的房間，
　　　　附設浴室和廁所。

二星級：有更高一級設備，有更多的房間備有浴室。

三星級：有更高一級的設備，並有更寬大的客房，大部分房間備
　　　　有浴室，並有相當規模的餐廳。

四星級：有高水準的設備，房間寬大舒服，服務周到，全部客房
　　　　均附有浴室。

五星級：高貴旅館，符合國際水準。

(八)汽車指南：《MOBILE GUIDE》的分類爲：

一星級：平均以上。

二星級：優良。

三星級：非常優良。

四星級：特別優良。

五星級：國內最高級飯店。

如何選擇旅館

很多人喜歡投宿於高級的連鎖旅館系統，他們選擇這些旅館，主要原因是根據下列十點決定的：

㈠地點適中風格高雅。

㈡有良好的維護設施。

㈢有優良的服務品質。

㈣迅速辦理離館手續。

㈤備有特別的商務樓層。

㈥充滿友善親切的氣氛。

㈦提供常客特惠優待。

㈧訂房迅速有保障。

㈨安全設備完善可靠。

㈩多種餐廳服務周到。

至於女性商務客選擇旅館也有她們的標準：

㈠飯店有二十四小時的房內送餐服務（Room Service）。

㈡有一小時內可完成的洗衣、燙衣服務。

㈢辦公室要大、燈光要亮，而且整齊乾淨。

㈣提供免費的報紙和雜誌。

㈤隨時供應美髮用化妝品及針線包。

㈥浴室要保持清潔明亮，衛生又安全。

㈦備有化妝台、全身鏡、吹風機及燙衣板。

㈧電器用品插頭要多。

㈨衣櫃面積大而高。

㈩有吊裙架和上衣架。

(土)洗臉巾、浴巾和擦身體的方巾要有多餘的備用。

(圭)有二十四小時的健身設備及三溫暖。

(圭)有些女性商務客會要求住在「女性專用樓層」，才夠安全。

　　總之，我們在選擇旅館時，這家旅館不一定要有富麗堂皇的裝潢、氣派豪華的設備、高樓大廈的建築，更不須具備多彩多姿夜總會或娛樂場所，更無須有繁多的房間種類或索費高昂的房價，但是須具備下列十個「S」的條件，就可稱得上為信用可靠、服務熱忱、顧客至上，值得旅客去享受賓至如歸的優質旅館：

(一) Supervision——旅館主管經常在場監督作業。

(二) Sales Promotion——對外不斷加強推廣業務及公關。

(三) Surroundings——不時提供優雅舒適的環境給顧客。

(四) Sincerity——員工對顧客樂意付出最大的熱忱。

(五) Service——旅館對旅客做到親切周到的服務。

(六) Security——對旅館提供安全的保障和保全的設備。

(七) Smile——每一個服務員都能對旅客展露出內心的微笑。

(八) Sanitation——讓旅客安心的衛生設備。

(九) Speed——讓旅客享受迅速可靠的服務。

(十) Satisfaction——最後能讓旅客帶走由衷的滿意。

　　除了上述的十個「S」之外，作者也常用「五意」和「五心」來判斷這家旅館是否符合個人所認為的「五心級」飯店，也就是飯店的服務員具備「愛心」、「誠心」、「耐心」、「虛心」及「信心」的五心條件，比外觀上的「五星級」來得更重要，同時，該飯店是否經常有新的「創意」，並以「誠意」的態度去服務客人，讓客人感到「滿意」，自然就有川流不息的「生意」，最後帶給飯店和顧客，萬事「如意」的感受。

如何訂定旅館

　　別人不會告訴你訂定旅館一些小法寶請看如下：

㈠一流旅館大概都位在大馬路上，如果選擇稍微縮進一點的小馬路或巷子內，價錢就便宜很多，但反正都在那附近，交通還是很方便，所以可以考慮。

㈡旅館的特性、型態、等級、格調、價位，大概可以從大廳內往來客人的種族、穿著、舉動、說話聲調的高低、坐姿等可以判斷一半。

㈢如想在同一個目的地住宿數天的話，在國內可先預定頭一晚的旅館，而到了目的地，如果認為不太理想，第二天開始可以自己找尋合適的旅館再搬遷。

㈣面向外的房間，當然要比面向內的貴些，住宿渡假旅館，除非為了享受觀賞風景、海灘、或泳池，有必要講明正確方向之外，否則大可不必多花錢。因為指定方向是要加價的。即使指定方向也要用詞正確才不致弄錯而花冤枉錢。比方：你指定「Ocean View」以為面向海景可以好好觀賞，實際上卻只能由你的窗門打開，由兩棟建築物的隙縫，看到海的遠景而已。所以要特別強調的是「Ocean Front」，是打開房間門，海灘即在眼前。

㈤如果一流旅館裡，最便宜的房價，等於附近二流旅館最高級的房價時，你會選那一家旅館？

假如是我，我會選一流旅館內最便宜的房間，因為一流旅館可供利用的公共及安全設備或育樂活動場所較為充實，而且服務水準也較高，同時你會覺得有優越感。

㈥訂定旅館時，必須問明是：1.統一標價；2.團體價；3.周末價或淡季價格，因為站在旅館的立場，總是要利用統一標價，來增加營業收入，除非你能特別提出要求折扣價格。

㈦自己認為房間不合適時，可向櫃台要求更換房間。

㈧很多連鎖旅館，歡迎住客能參加他們的臨時會員而最後成為正式會員，各旅館都有些特別優惠辦法，可向櫃台詢問詳情。一般臨時會員是免費的。運氣好的話，正好遇到特別優惠期間，或免費酒會、茶會，你可隨時參加。

㈨早晨希望旅館叫醒服務，但怕醒後又睡著，如要靠鬧鐘，又怕萬一故障不響怎麼辦？此時，最穩當的方法就是前一晚上預定早餐的客房服務，並講明為了趕飛機必須在七點前送餐到房間來。到時候，送餐服務員一定會準時敲門，把你叫醒。

㈩萬一忘記交回旅館傳統式的鑰匙，只要看到郵筒，就把它丟進去，自然會送回旅館。不過要弄清郵筒的顏色。美國的是藍色，德國、法國是黃色，而英國、加拿大和日本是紅色。我們台灣有二色，紅色是限時，綠色的是平信，如果沒有把握，一定要問清楚。

㈠在房內最容易忘掉的是戒指、眼鏡、假牙等小配件，所以最好把它們集中放在於灰缸內。

㈡萬一遺忘東西在旅館時，最好先打電話或傳真自己的地址到旅館，請他們寄還給你，因為旅館為了保護住客的隱私權，不敢冒昧地按登記卡上的住址寄回給住客，深怕該遺失的物品是住客的婚外情人的，萬一由妻子收到，那事情演變如何，可想而知，所以千萬要小心噢！

哪一層樓較安全

世界各國的旅館業都有不成文的規定，即客房樓層越高，收費也越貴，因為景觀較佳，但是有些懼高的旅客，反而擔心如果有個萬一，住得太高，豈不是自絕生路？

作者建議那就盡量選擇住在六樓以下的客房，因為六樓是消防雲梯所能到達的高度中最安全的臨界點。

另一個理由是，將客房中的浴巾、毛巾、床罩、枕頭套、床單……等布條串綁起來，正好可自六樓平安到達地面。但是最要緊的還是要作好「預防措施」，有三件最重要的事：

第一件事是將貴重物品交予櫃台保管，因為沒有一家旅館因旅客在房內遺失貴重物品而給予賠償的，何況你在櫃台登記時，已經簽名同意不要求賠償，只是你自己沒有看清楚條文，就給予簽字罷了。

第二件事，則是自己親自走一趟飯店的安全門，免得臨時慌張找不到安全門。萬一發生火災，搭乘電梯，無疑是投向死神的懷抱，所以千萬不要搭電梯。

第三件事就是在睡前，在浴缸內放三分之一的水，如此一來，在睡覺時，對健康有好處，若真有意外狀況，可立刻將浴巾沾水包覆身體逃生。

善用旅館設備

旅館是旅行者的家外之家，渡假者的世外桃源，也是商務旅客的交易場所。它也是代表一個國家的文化櫥窗，更是促進國民外交，加強國際友誼的聯合廣場。

對一個旅遊者而言，它是一個包羅萬象的大千世界，也是變化無窮的小天地，如果懂得善用旅館的各種設備與服務，你必能享受尊貴的禮遇、體貼周到的服務，並會留下甜美的回憶與難忘的印象。

㈠辦理住宿登記手續

首先，當我們到達旅館時，門衛會為我們開啟車門，而行李員隨即前來搬運行李並清點件數後，帶我們去櫃台辦理住宿手續，如果你有貴重物品或易碎品等物，應由自己保管較為安全。辦妥住宿手續後，順便索取一張旅館的卡片（Hotel Card），以防在外迷路時，隨時可用。假設你是和朋友兩人共住一個房間，而且帳單要分開付時，在辦理登記時就該事先告訴櫃台，這叫作「Double-up」或「Separate Bill」。

㈡進入房間

當你進入房間，行李員會為你一一介紹房內的主要設備和用法，此時，如果有什麼問題，可以順便提出詢問，否則當他要離房時應給些小費，表示心意。在房內先看一看客房須知，了解它們的規則，再

看設備及服務項目的說明，以便弄清楚是否要收費或免費的，才不會吃虧，尤其是電視節目及電話費用。

為了自己的安全，必須知道安全門的位置及逃生路線。歐美的旅館通常將旅館規則（旅客須知），貼在衣櫃內，必須用放大鏡和手電筒才能看清楚內容，但東方國家一般都貼在房門後、辦公桌上面或抽屜內的文件夾中。

㈢洗浴室用法

浴室內備有各種大小毛巾，各有不同用途；長方形的用來洗臉，大毛巾用來擦乾身體，而小方巾是洗澡時塗抹香皂以便擦洗身體用的。一般通用的熱水標誌是用「C」代表冷水、「H」代表熱水，不過在法語系的國家，「C」是「Chaud」的縮寫，表示「熱水」，而冷水卻用「F」，即為「Froid」，千萬要弄清楚，不要被燙傷了，才悔不當初。

住客安全須知

以下是美國旅館及汽車旅館公會提醒旅館住客應注意的安全事項：

㈠在未表明訪客身分之前，不要打開房門。如果對方聲稱是旅館服務員時，應先打電話給櫃台確認是否有派服務員前來，並為何而來。

㈡當你在晚上很晚才回到旅館時，請利用旅館的正門，並在進入停車場前，應查看清楚周圍的動靜。

㈢當你在房內時，把房間確實關好，並應將旅館所提供的鎖門裝備，全部加以利用。

㈣在公共場所，不要讓他人看到你的鑰匙或不小心地將鑰匙放在餐桌上、游泳池邊或放在容易被偷竊的地方。

㈤若身邊有大量現金或貴重的珠寶，千萬不要引起別人的注意。

㈥不要隨便邀請陌生人到你的房內。

(七)將所有貴重物品存放在旅館的保險箱內。

(八)不要將貴重物品留在車內。

(九)查看所有滑動玻璃門、門窗及兩間房內相通的門是否確實鎖好。

(十)如果你發現任何可疑的人事物時,請將詳細情形通知管理部門。

註:兩間客房相連、房內有相通的門時,這種房間叫 Connecting Room,通常適合家庭旅行用。因有相通的門,隨時可開關,十分方便。但有時可分別出租給別人,此時,應特別注意相通的門有無鎖好。

聰明的利用法

出國旅遊,住宿也是一大問題,所以首先應選擇信譽較佳之旅館,住進旅館後最重要的是先將貴重物品交給出納櫃台保管。出外最好使用信用卡或旅行支票,以免有被搶劫或被偷的危險。此外,住旅館裡也有些細節應注意,如不要穿睡衣及拖鞋到旅館走廊上;談話聲應盡量適中,不可太大,以免吵到鄰室安寧;房間保持整潔,房門隨時關好。在國際大飯店的浴室內,均有二條隱藏繩子,一條是晒衣繩,另一條是緊急呼救用的,使用時應看清楚說明,以免拉錯鬧出笑話。

晚上要睡覺時,浴缸放滿三分之一的水,不但有益健康,而且在火災發生時,隨時可將棉被浸在水中披在身上,馬上可逃離。火災時,千萬不要乘坐電梯。最好自己預習走一次安全門。會客盡量在大廳,不要三五成群,集中在房內大吵大鬧、大吃大喝,甚至於把鄰居的桌椅也搬來房間,將房門大開,影響寧靜的氣氛。

住旅館,除非你住在套房,有客廳的設備,否則會客都應該在大廳,更應注意的是,不要把旅館的用品順手牽羊帶走。除消耗品外,如想當作紀念品的話,應詢問服務員在哪裡可以買到。敲門也要小聲,千萬不可使用鑰匙敲門作響。如取用冰箱內冷飲,應照實付款,千萬不要貪小便宜,白吃白喝,遭到白眼。

　　如能聰明地利用下列方法，保證你必有很多意外的收穫：

㈠利用淡季住房，可以享受各種優待和無微不至的服務。

㈡利用離峰時間消費，如酒吧有 Happy Hour 的優惠時段。

㈢多利用大廳的 Coffee Shop 約會、談生意，甚至相親，消費不高，
　卻可有意外效果。

㈣善用行李間的服務，有的行李間備有禮服、領帶；如果你服裝不夠
　正式，可以臨時借用行李間。

㈤加入臨時的 VIP 會員，可享有很多的優待辦法。

㈥利用機場電話臨時訂房。往往有各大飯店的專用免費電話，你可以
　利用此電話臨時訂房，並在機場等候 Pick-up（接送）即可。

㈦有些飯店訂房時可利用對方付費的專線電話。

㈧注意 C/O（checkout）退房時間。問清楚延遲退房是否要加收費用。

㈨如果你在早上很早就要 C/O，為避免擁擠等候，你可以在前一天晚
　上先辦理結帳手續。

㈩如有以下問題，可問大廳副理 Assistant Manager（Concierge），或
　是 Lobby Manager。大廳副理就像你的私人顧問，各項疑難雜症都
　可以向他尋求協助，例如：

　1.觀光旅遊，交通工具的安排。

　2.租車服務。

　3.戲院和體育活動購票事宜。

　4.機位機票預約及確認。

　5.支票、外幣兌換問題。

　6.自由時間的打發。

　7.餐館的介紹。

　8.其他旅館的訂房。

　9.祕書和翻譯的安排。

　10.速記、打字事宜。

　11.購物介紹。

*12.*醫院、醫生介紹。

*13.*公證人介紹。

*14.*遺失物的尋找。

*15.*代僱小孩的臨時保姆。

㈠如何在旅館睡得好？

*1.*向旅館要求特大號的床鋪。

*2.*如果是老舊的床墊太軟了，可要求旅館提供木板放在軟床鋪下，不但可保護你的背部又可幫助入睡。

*3.*選背陽面的房間，有助睡眠。

*4.*不要選靠近電梯或面對熱鬧街上、機場或靠近室內游泳池的房間，因為來往的人多，影響睡眠。

*5.*如果覺得沒有安全感，將浴室的燈開著睡覺。

二、民宿禮節

民宿（Bed & Breakfast），係源自歐洲國家，當時僅是農場簡單的提供住宿的床和早餐，讓旅客能夠融入農村家庭溫馨的氣氛中，享受自然鄉野的生活，純粹是以家庭副業的方式經營，所以設備簡單純樸、收費低廉，多半由退休的年長者主事或農村婦女兼顧。

我國政府有鑑於「發展觀光條例」已不適於當前之需，故於二〇〇三年六月一日修正公布最新條例，並將民宿列於條文中，使得民宿的經營有了法律依據。

其對民宿的定義：「指利用自用住宅空間房間，結合當地人文、自然景觀、生態、環境資源及農林漁牧生產活動，以家庭副業方式經營，提供旅客鄉野生活之住宿處所。」

歐美民宿經營成功的共同點是：主人親切、好客，提供乾淨、清靜、衛生、安全、舒適的住宿環境與溫情的款待服務。喜愛交友、主客互相尊重，共享彼此文化，促進友誼交流，讓旅客有賓至如歸的感

受。

　　為達成這些願望，訂有一些規定，住客必須加以遵守：

㈠不高聲談話、喧嘩吵鬧，以免打擾別人。

㈡不抽煙、不帶寵物、不帶小孩（有些例外，應在訂房時先確認）。

㈢不歡迎住客用廚房烹飪（也有例外，應事先確認）。

㈣不接受無登記的住客。

㈤不收取小費。

㈥使用共同浴室時，應保持清潔。

　　以上是一般的規定，但有些民宿可能還有其他特別規定，因此在訂房時就應打聽清楚，以免事後發生糾紛。訂房時應該問：

㈠是否要預付訂金？

㈡臨時取消如何處理？有無罰則？

㈢有無規定遷入、遷出時間？

㈣接受何種信用卡？

㈤是否歡迎小孩、寵物？

㈥房租計價方式。

　　一般說來，民宿的計價是房租包括早餐在內，而提供早餐的種類有三種：

　1. 是 Continental，即歐式早餐：

　　捲麵包、鬆餅、咖啡餅、咖啡或茶、果汁等。

　2. 歐式早餐再加上麥片粥或水果。

　3. 以上兩種再加一種熱食或更多。

　　同時，服務的方式也有三種：(1)在桌上用餐；(2)自助餐式；(3)在房內用餐。

　　至於浴室則分為：

　1. En Suite：在客房內設有個人專用浴室。

　2. Private：也是個人專用浴室，不過是設在房間外。

　3. Private Adjacent：同樣個人專用，但設在靠近房間附近。

4. Shared/Semiprivate：二個房間住客共用浴室。

　　住宿民宿，原則上，行李也不該太多，理由是：(1)房屋沒有電梯，如在山坡上，可能要爬很多階石梯，十分不方便。(2)主人為要使房間空間擴大，減少衣櫃面積。(3)不像飯店有行李員，替你拿行李。(4)一般民宿主人在房內會提供吹風機、熨斗等日常用品。(5)有些民宿提供各種閱讀的書籍，因此，帶行李的大原則是攜帶輕便。

三、大廈安全須知（APARTMENT）

㈠不要讓陌生人進入大廈。如果有人想進入大廈（例如：修理工人、送貨員、推銷員），請他們去詢問大廈管理員。

㈡永遠不要替你不認識的人開門。不要用地毯或其他物品擋住門，這是嚴重的安全問題。

㈢開門前，先從窺孔看看是誰。

㈣不要在門上留下任何短訊，告訴別人你不在家。

㈤在大廈門口總機板上，只用你的姓氏和名字字首。

㈥就算你只離開幾分鐘（例如：去洗衣房或領取信件），也要把門鎖上。

㈦把窗戶上鎖。

㈧和鄰居熟絡。

四、家庭住宿的禮節（HOME STAY）

　　雖然你須支付食宿費用，但你住的不是旅館，也不是宿舍，因為你的接待家庭把你當作自己家庭的成員，或一個訪客，或一個寄宿的人，雖然每個家庭的情況不一樣，但最好在搬進去以前，應與接待家庭討論並請教以下問題：

㈠用餐時間是什麼時候？我要如何準備用餐及飯後收拾工作？

㈡那一餐是我要準備的？
㈢大家什麼時候睡覺？我在什麼時候必須保持安靜？
㈣是否有人可以輔導我作功課？
㈤如果用收音機、音響或電視，可以開多大的聲音？
㈥放學後或週末我可否帶朋友回家？
㈦什麼時候可以洗澡？有無時間限制呢？

同時也要注意自己的言行舉止，不但是代表你的國家，也代表你個人的文化素養，所以應遵守一般住宿家庭的禮節：

㈠應與他們相處融洽，保持友好的態度。
㈡主動打招呼，做錯事要馬上道歉，要向為你服務的人表達謝意。
㈢每餐飯後，應主動收拾碗盤。
㈣剛開始吃西餐可能不習慣，要盡量學習西餐禮節去適應。
㈤洗澡時間不要過長，以免影響別人使用，並要節約用水、隨手關燈，保持乾淨。
㈥洗手間用後要沖水。
㈦要使用洗衣機時，應先打招呼。
㈧要用家庭的東西時，應先問一聲，用後並應道謝。
㈨不要打斷別人的說話，必須打斷時，說聲對不起。
㈩尊重住宿家庭成員，並愛護住宿家庭的財物。
(十一)如須使用電話和上網要徵求主人的同意。

家庭住宿不但為留學生營造一個良好的語言學習環境，而且讓學生了解當地文化、歷史、風俗習慣、創造更多融入西方社會的機會，加速適應新的生活。

五、住宿農家宿舍（FARM STAY）

住膩了煩雜熱鬧的緊張都市生活後，有人很想體驗一下樸實而悠閒的農村樂，然而並非每一個人都適合享受農家的生活。

先評估自己是否符合住宿農家的條件：

㈠怕被太陽晒黑。

㈡隨身沒有電腦就無法生活。

㈢對照顧小孩或做家事沒有興趣。

㈣不喜歡動物。

㈤不吃中國餐食會很難過。

㈥喜歡按時上下班。

㈦很想體驗樸素的農家生活。

㈧很想藉這個機會練習英文會話。

㈨想把自己國家的文化介紹給農家主人。

㈩想忘掉都市生活，專心去享受農家樂。

(十一)想學習一些有關動物、水果和蔬菜等知識。

如果你對前面六項中，選的項目越多，越表示你是不適合住在農家宿舍。反之，後面五項中，選的項目越多，越能適應農家生活。

六、青年旅舍

喜愛旅行的青少年，最常利用的住宿設備，可能就是青年旅舍了。以其房租低廉、設備簡單、整齊乾淨為特色。青年旅舍當初設立時，是要鼓勵青少年藉旅行的機會，增加知識的交流以及促進國際間的友誼為宗旨。所以不應有種族、宗教及國籍等的歧視。

目前全球六十多個國家，提供五千家以上的青年旅舍，只要你持有 HI 會員卡，就可以隨時利用網路訂房，極為方便。同時又可享受餐廳用餐、參觀美術館、租車、搭飛機、公車等特別折扣，因各地優惠辦法有所不同，事先應確認清楚。

每家旅舍都有住宿特別規定，但大同小異。以美國一般規則為例以供參考：

㈠旅舍內不准抽煙及飲酒。

㈡嚴禁使用蠟燭、蚊香或燒香，以防火災。

㈢房內不准儲存食品，以免引誘蟲類。

㈣為節省能源盡量縮短沖洗的時間，不用的燈具隨手關掉。

㈤廚房在上午七時啟用，晚上十時關閉。用餐完畢盡快清洗餐具，並收拾好放回原處。

㈥公共場所及房舍於晚間十一時熄燈後，應保持寧靜。

㈦在走廊步行，保持輕聲慢行。

㈧離舍出發前，將床鋪整理完好，並須清理垃圾桶。

　　附註：青年招待所（Youth Hostel）自一九九三年起因不希望被定位在只供學生住宿的旅館，所以改稱為：「Hostelling International」（HI）。

七、休閒旅行車及露營

　　在北美，每到露營季節，喜愛旅行的人，紛紛利用休閒旅行車，全家到郊外公園露營地，以最經濟的代價，享受得天獨厚的天然環境之美，從事多彩多姿的戶外休閒活動。

　　這種自己安排行程、自己掌握時間、自由自在的遨遊，「車外是大自然的世界，而車內是溫馨的家外之家」的感覺，確實令人心曠神怡。

　　因每個營地有不同的使用規則，在預訂營地之前，必須對下列問題，事先確認清楚：

㈠該營地可以停放幾輛汽車。

㈡該營地容許多少人使用。

㈢何時開門及關門。

㈣允許寵物進出營地否？

㈤有無管理員在營地內巡邏管制喧鬧的派對或破壞公物者。

㈥可以泊車露營多久？

㈦營地公園內，准許狩獵或使用槍械否？

㈧哪些活動必須先獲准，才能從事？

㈨可以採摘香菇否？

㈩其他有無特別規定。

餐飲篇

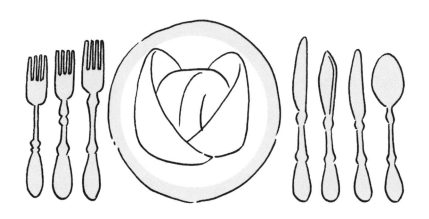

九、日本料理用餐禮節

十、中餐禮儀

十一、中、西、日餐用餐比較表

十二、六國菜單

十三、小費：大費心思嗎？

十四、男女一般禮節與宴會服裝

一、認識餐廳的種類

㈠ Restaurant　一般餐廳

㈡ Coffee Shop　快餐廳

㈢ Cafeteria　自助餐廳

㈣ Lunch Counter　午餐檯

㈤ Refreshment Stand　小吃亭

㈥ Drive-In　免下車餐館

㈦ Dining Car　餐車

㈧ Dining Room　用餐室（旅館附設的餐廳）

㈨ Grill　烤肉館或牛肉館

㈩ Drug Store　藥房內附設輕便飲食檯

(十一) Industrial Restaurant　公司附設餐廳

(十二) Department Restaurant　百貨公司餐廳

餐廳的種類除了可分為以上十二種外，更可依其「服務方式」、「餐食內容」及「經營方式」為分類之基礎：

1. 以服務方式為基礎

⑴ Table Service Restaurant　餐桌用餐服務

此種餐廳備有桌、椅的設備，依照客人的訂單，由服務人員將菜餚端至餐桌，是一般大眾所熟知的餐廳類型。例如：飯店中各式各樣的餐廳，Restaurant、Club、Coffee Shop、Tea Room、Fruits Parlar、Theater Restaurant 及 Night Club 等……。

⑵ Counter Service Restaurant　櫃台用餐服務

餐廳中設置開放式廚房，並在前方擺設服務台，直接供應飲料，此種設置的好處在於較Table Service Restaurant的供應速度快。例如：Soda Fountain、Luncheonette、Refreshment Stand、Coffee Stand、Juice Stand、Milk Stand、Ice Cream 及 Snak Bar 等皆屬此類，其優點在於可節省小費，目睹廚師之烹調技術，獲得及時的供應與互動，並且節省

時間。

(3) Self-service Restaurant　自助餐

顧客可依其喜好選擇菜餚，並將餐食自行盛裝至餐桌食用，其優點在於可迅速享用餐食、節省人力，且餐費較便宜。例如：Cafeteria 和 Buffet。

(4) Feeding　員工餐廳

員工餐廳依提供單位之不同而分為以下五種：

a.Industry Feeding：指公司所提供給員工使用的餐廳。

b.Feeding-In-Plant：指工廠中的餐廳。

c.School Feeding：指學校內的餐廳。

d.Hospital Feeding：指醫院內的餐廳。

e.Fly-Kitchen：指供給航空公司或飛機場的餐廳。

2.以餐食內容為基礎

⑴綜合餐廳：包括中餐、西餐與日本料理。

⑵特種餐廳：指的是 Speciality Restaurant，例如：專賣牛排或羊排等單一種類菜餚的餐廳。

3.以經營方式為基礎

(1) Independent Restaurant　獨立經營的餐廳

(2) Chain Restaurant　連鎖經營的餐廳

介紹完上述之餐廳的種類後，接下來是將餐食的種類依「時間」及「餐食內容」來分類：

(一)按時間分類

1. Breakfast　早餐

包括含雞蛋的 Regular Breakfast 與不含雞蛋的 Continental Breakfast。美國人的早餐喜好果汁、吐司、雞蛋、火腿、培根、咖啡即為 Regular Breakfast，若想要簡單的美式早餐，則以喝咖啡加丹麥餅或以 Hot Cake 代替雞蛋。

　　歐洲人的早餐則以多喝咖啡或牛奶，再加上 Croissant（新月形小麵包）或 Borscht，皆塗抹許多奶油，介於麵包或派，再配以牛奶及果醬，故許多歐洲旅館皆將早餐費用列入計價方式中。各種早餐列表如下：

表 8　各種早餐列表

早餐種類	英式 English	美式 American（另稱 meat breakfast）	大陸式 Continental	定食 table d'hote
計價方式	（最豐盛的早餐）	Bermuda Plan	Continental Plan	American Plan
內容	冷或熱穀物類 鹹肉或火腿蛋 烤麵包 奶油 果醬 飲料	雞蛋 火腿、鹹肉或香腸 奶油、烤麵包 果醬 咖啡或果汁	捲麵包 奶油 果醬 咖啡、紅茶、可可、牛奶（擇一）	菜單由飯店指定

註：許多連鎖旅館常以自助餐方式供應英式早餐。

2. Brunch　早午餐

　　指早餐與午餐合併成一餐享用，例如：最常見的中國飲茶。

3. Lunch　午餐

　　即指一般午餐。

4. Afternoon Tea　下午茶

　　指英國人傳統的下午茶時間。

5. Dinner　晚餐

　　在外國俗諺中有「Light lunch and heavy dinner」之語，可見 Dinner 是較豐盛的，而且用餐所費時間亦較長。

6. Supper　宵夜

　　指格調較高且較為正式的晚餐，但近來在美國常把 Supper 用作

「宵夜」解釋。

(二)按餐食內容分類

1. Table d'hote　套餐

即Set-Menu，包括湯、前菜、主菜、甜點、飲料等事先由餐廳設定好的完整菜單。

2. À La Carte　點菜、單點

按顧客個人的喜好，分別點菜。例如：今日特餐（Todays Special）亦是其中一種。

3. Buffet　自助餐

又稱為 Smorgasbord，即為自助餐。

表 9　按照服務方式餐廳分類表

分　類	供應內容方式
餐桌型餐廳	以方型餐桌和圓型餐桌為主，餐廳服務人員以菜單點菜並依序上菜，供應單點並設有酒席及喜宴。
櫃台型餐廳	以長方型、圓型、方型或橢圓型櫃台為主。有些並採用高腳椅，適用於咖啡廳、酒吧、冰淇淋店及火鍋店，有些速食店及便當店卻以長方型櫃台提供訂餐、結帳、外賣之用。
自助餐廳	採用長方型或ㄇ字型櫃台擺設餐食、點心、水果及飲料任由顧客自行取用。下午茶餐廳亦採用之。
團膳餐廳	分為：員工餐廳、學校餐廳、醫院餐廳、空中廚房、公路餐廳、工廠餐廳。
夜市餐飲	聚集南北各地美食小吃，是國人及觀光旅客，休閒夜遊的好去處，有些已規劃為觀光夜市。

資料來源：詹益政、黃清澤，《餐旅業經營管理》

二、如何選擇餐廳（以歐洲為例）

國人遊歐風氣日盛，除了參觀歷史豐富的古蹟名勝，讓人流連忘

返外，許多歐洲國家還有道地的風味佳餚值得品嚐，是遊歐不可錯過的一大享受。到任何國家都要入境隨俗，才能真正享受當地文化的光采，而飲食便是其中相當重要的一環，可是許多國內旅行社在安排遊歐行程時，大部分不是安排中餐就是簡式的自助餐，導致國人平白錯失品嚐異國風味的樂趣及一種探索歐洲文化的方式，實在是一件美中不足的事。因此，如果有機會赴歐，別忘了在緊湊的行程中，一定要安排一到兩晚到當地餐廳用餐，感受一下歐洲人進餐時的浪漫氣氛，才不虛此行。至於要如何在歐洲選擇餐廳，甚至研判收費價格，以下有幾點建議，提供作為參考：

(一)選擇餐廳

1. 歐洲各國機場、飯店都有觀光服務處，可以索取詳細的觀光分類指南，通常其中會有重要的餐廳一覽表，印有各家餐館的特色、地址及電話，以供參考。

2. 如果你是喜歡享受美食的饕客，可以參考「米其林旅館及餐館評鑑指南書」，可找到好吃或氣氛絕佳的餐廳。

3. 可參考旅遊詢問中心所提供的餐廳指南，或請教計程車司機及旅館的櫃台或服務中心。

(二)判斷收費價格

1. 靠自己的眼睛觀察判斷，端視餐館內的裝潢氣派、餐桌擺設、餐巾以及餐具是否高貴、服務人員的服裝、站立的姿勢與待人的服務態度及笑容。

2. 在餐廳門口先站十分鐘，留意一下進出客人的服裝穿著裝扮，愈正式者通常餐廳的價位愈高；餐桌上如果使用的是紙餐墊，價位往往不會太高。

3. 研判推敲法，翻看自己下榻飯店的價目表，即「Room Service」，房內用餐菜單內的價位，通常比外面普通餐廳貴上 15% 至 20%，

以此可以大約推算在外用餐的預算。

4.由服務方式判斷價位，服務員將盛裝在銀盤上的食物端出給客人過目後，由廚師在推車上當場切割烹飪後再提供給客人享用，氣氛優雅，場面壯麗，由此可知，其為最高價位的餐廳所提供之服務。這種服務稱為推車服務「Wagon Service」，使客人感受到備受重視，亦是法式服務的一種。另一種是服務員將在廚房烹調好的餐食用銀製餐盤，使用湯匙和叉子將食物挾取放置在客人的盤子上，對客人提供體貼周到的個人服務，這種餐廳也是屬於高價位的，這是「英式服務」的餐廳。

至於一般簡便快餐廳的服務，是菜餚在廚房內早已分別盛裝在餐盤上，由服務人員直接端給客人享用，此為最大眾化的服務方式，稱為「美式服務」或「餐盤式服務」，是屬於大眾化價格的餐廳。

三、米其林指南（MICHELIN GUIDE）

法國米其林輪胎公司為了鼓勵更多人開車以便促銷更多輪胎，推出旅遊導覽手冊，用以告訴開車的旅客到何處加油、住宿和用餐，並在餐廳名單前面印上星星作為等級的記號，從此成為評等餐廳的濫觴。

米其林對餐廳的評鑑分成三級，而三顆星是最高級。

一顆星的餐廳表示「值得停車一嚐的好餐廳」。

二顆星表示「一流的廚藝，提供極佳的食物和美酒搭配，值得繞道前往，但所費不貲」。

三顆星則表示「完美而登峰造極的廚藝，值得專程前往，可以享用手藝超絕的美食，精選的上佳佐餐酒，零缺點的服務和極雅緻的用餐環境，但是要花一大筆錢」。

法國雖有成千上萬的餐廳，在二○○五年入選的三顆星餐廳也只有二十六家，可見其評鑑之嚴格程度。今年（二○○六年）紐約首次出版的米其林手冊，只有四位大廚師獲得三顆星。

　　據說即使是一流的旅館內餐廳，要獲得米其林的三顆星都非常困難。然而三顆星餐廳內卻擁有少數房間的旅館設備，為的是深恐那些慕名美酒佳肴而開車來的旅客，萬一喝醉了，可以有留宿的場所。

　　米其林的評分是依照食物新鮮和可口否、餐廳設備、服務態度等十多項目分類，總得分二十分，得到十七分以上就給三顆星，十五分二顆星，十三分一顆星等。

四、預約餐廳的祕訣

㈠許多高級餐廳，因為生意昌隆，很不容易訂到席位。不過你可以透過旅館的大廳經理，以慶祝結婚紀念日或生日為理由，比較容易訂得到，如此，不但餐廳可以提升知名度，而服務既周到、又額外贈送生日蛋糕。不過，既然說是慶祝紀念或生日，點菜也要大方講究些，不可太寒酸。

㈡一般說來，餐廳對於事先有預約的客人較歡迎而且給予禮遇。可以利用旅館的名片，請旅館的服務員，將餐廳名稱和自己的大名填上，當作是旅館介紹來的客人，這樣，餐廳對你一定會另眼看待，服務特別周到。

㈢高級餐廳的晚餐價位比較貴，如果是慕名而來，不妨可享用午餐，且指定當天主廚特別推薦的菜肴，不但價位經濟，又有物超所值的期待。

五、形形色色的酒吧

　　在一般的認知中，看到「Bar」就認為是「酒吧」，雖然，酒吧是指餐廳或飯店中出售酒精飲料的櫃台，根據其所出售的內容分別稱為：「Coffee Bar」、「Tea Bar」及「Milk Bar」，英國式的酒吧除了出售酒精外，亦販賣一些小吃或簡食，但美國式的酒吧卻較注重酒精

和飲料，有些酒吧甚至不准女性單獨進去，必須由男性陪伴。

在飯店常見的酒吧是設在大廳的「Lobby Bar」、走廊邊的「Lounge Bar」或「Cocktail Lounge」，而設在最頂樓的則稱「Sky Bar」。有些飯店在房間內設有簡單的「Mini Bar」，即迷你酒吧，除了冰箱內放些酒精飲料外，還備有精美的小型酒櫃，不過沒有酒吧檯或酒吧專用椅子、水槽及擺設各種不同的酒杯，倘若具備上述之設備，就稱為「Wet Bar」，通常設置在套房的角落，形成小型的酒吧。

「Bar Service」指的是顧客親自到櫃台點菜，付款後，自行將食物或飲料端到餐桌的一種餐食服務方式，就像「麥當勞」的服務，即是一例。酒吧男服務員，稱「Bartender」，亦稱「Bar Man」；女服務員則稱「Barmaid」。此外，在餐廳時，男性服務員稱「Waiter」，女性服務員稱「Waitress」，然而，前來點酒的稱為「Sommelier」，即調酒服務員。

(一)酒吧小常識

到歐美小酒館或酒吧飲酒，如果怕被敲竹槓，最好坐在酒吧檯旁，然後看今天準備花多少錢，事先把錢放置在酒吧檯上，告訴調酒員，這是今天的總預算。每喝一杯調酒員會從你的錢減掉費用，直到你看只剩到四元或五元美金時，你就可大大方方的離開。剩下的錢可以當小費。另一個好處是職業酒吧女郎也沒有興趣來引誘你。

(二)男性專用酒吧

美國是一個無奇不有的國度，有些酒吧是供男性專用的，叫「Stag Bar」（即 Men's Bar）是女人禁地，所以女性千萬要小心。因此，男人聚會的宴會叫「Stag Party」，而反之，女性的集會叫「Hen Party」。

六、西餐禮節

西餐廳的禮節應從訂位開始，直到結帳為止。

(一)先訂餐廳座位

假若方便，最好是在一個禮拜以前事先預約，並告知自己的姓名、用餐日期、時間、人數和餐食種類及大約的預算，且詢問是否有服裝規定（Dress Code）。萬一臨時有變化時，也應該事先向對方取消預約才是正當的處理方式。

(二)到達餐廳

如果有預約，應向櫃台人員告知姓名，如果沒有預約，也不應該東張西望自行尋找位子，應在門口等候接待人員之引導入座。男性要懂得讓女性先行入座，可看到良好景色之位子，應留給女伴，並為其拉開椅子，讓女士由椅子左邊入座，待男士將椅子放正，女士可從容坐下（現在多數亦由餐廳服務生服務）。

(三)坐姿

坐下時，應挺胸坐直，盡量放輕鬆，不要彎腰駝背或將整個人靠在椅背上，胸部應遠離桌約十至十五公分，雙手在桌面的距離以雙肩寬度為基準，手的動作要自然，用餐時手須懸空活動，在正式餐宴中，最好不要翹著二郎腿。

(四)手提袋及手套

如果是大件的手提包，可以寄存於衣帽間（Cloak Room），小型的手提包可以放置於旁邊的座位、自己的腿上或放置於右側的腳邊，因為服務生會由左方上菜，因此才不會影響服務生的服務動線。此外，千萬不要把手提包掛在椅背上。當你坐下時，應卸下手套，並放

置於手提包內也不要放在桌上。

(五)召喚服務員

當你需要服務而召喚服務員時，切忌使用拍手、彈指頭或大聲呼叫或吹口哨的方式，你只要用眼神、輕輕地用手勢或點頭，服務員就能意會，而當服務員靠近時，你只要說聲「Excuse Me!」即可。

(六)餐巾的用法

先將餐巾摺半或全開，開口向前，放在腿上，千萬不可掛在脖子上，或夾在褲頭上，此為不雅觀且不禮貌之行為。有的餐廳服務員會替客人攤開餐巾。若是參加餐宴，須看主人何時攤開餐巾，而跟著動作即可。用餐中途若要離座時，最好將餐巾放在椅子上，表示還會回來用餐。女士們避免在餐巾沾上口紅的痕跡，亦不要將餐巾掛在椅背上。在用餐完畢後，只須自然地將餐巾放在桌上左側即可，切忌折疊整齊放好。

➤餐巾的正確用法如下：
1. 吃水果洗手後，使用餐巾輕輕地擦指頭。
2. 只用餐巾的角邊擦拭嘴邊。
3. 餐桌上最好不要用牙籤，但非用不可或要從口中取出魚骨時，可用餐巾掩住。而英國的餐廳大部分不提供牙籤。
4. 絕不可用餐巾擦去臉上的汗水、擦桌子或擦拭餐具。
5. 餐巾或其他餐具掉在地上時，千萬不要撿起，可由服務人員代為處理。

(七)點餐

看菜單點菜，是一種樂趣的享受，如果要選擇單點時，應先決定主菜後，再來選擇其他的料理就會比較容易。同時在選擇前菜和湯時，不要與主菜的調理方法或是醬料相互重複，通常較油膩的主菜，

需搭配清淡的湯。女士若有男士相伴時，最好告訴男伴想吃的料理，並由男伴代勞點菜，如果仍不知吃什麼，可以點套餐或是請服務員代為介紹或推薦。

(八)用餐基本守則

1. 刀在右邊，叉在左邊，用餐時，須由外往內取用。
2. 食物應由左邊開始切，切一片吃一片，不可以全部切成小片後再吃。
3. 通常送餐時，吃的食物是由左邊上菜，喝的飲料是由右邊上桌。西餐不叫喝湯，他們叫吃湯，所以湯是由左邊上菜。
4. 使用刀叉，手腕需懸空，比較容易使力，不可將手肘支靠在桌上用餐。
5. 不要在用餐時，嘴巴含著牙籤，一邊講話，此為不雅觀之行為。一般西餐廳都會將牙籤放置在出納櫃台處，即表示結帳後才可使用，亦有些五星級飯店將牙籤放置於化妝室，由此可見其用心良苦，處置十分得體。
6. 用餐時，聲音盡量放低，談話內容不要涉及政治、宗教信仰、色情或疾病等主題，應談些幽默、風趣或有關旅行見聞等經驗，或運動體育比賽、輕鬆趣事。同時，使用餐食的速度一定要配合別人。
7. 如在用餐時要交談聊天，最好將刀叉放下再說，千萬不要邊說邊揮動刀叉。
8. 用餐中，盡量忍住不要打嗝兒或打哈欠，這是會令人感到不舒服之行為。

(九)喝湯的方法

西餐的湯有兩種盛裝的方式，一是盛在盤中，另一種則是盛在杯中，兩種湯的喝法亦是不太一樣。喝盤中的湯，湯匙須由內往外舀，

快喝完時，可將盤子向外傾斜舀來喝；杯湯則由外向內舀，快喝完時，可用手抓著杯把將湯杯舉起直接就口喝盡。在英文中，不叫「喝湯」，而是稱為「吃湯」，所以不要喝得唏哩呼嚕，發出令人難忍的聲音。喝完湯後，應把湯匙放在墊杯子的淺碟上面，然而，用盤子盛裝的湯，就將湯匙放在盤中央即可。

喝湯時，要先嚐一口，再來慢慢灑入適量的胡椒或鹽，不要一骨碌地嚐也未嚐就猛加佐料，既沒有禮貌也不雅觀，尤其被邀請至家庭用餐時，這樣的行為對於親自烹飪食物的女主人而言，是相當失禮的行為，好像是在表達主人烹調不合自己的口味一樣。

(十)麵包的吃法

先喝一口湯後，才開始吃麵包，不要用刀切麵包，應用手將麵包撕成約一口大小，再沾牛油或果醬，需一口吃完，不要吃了半口後，又剩半口再吃，這是最不合用餐禮儀的行為。午餐及晚餐時，通常不使用果醬，只有在早餐時使用。

(士)咖啡及酒的喝法

喝咖啡前，先放糖再放奶精，然後用湯匙攪拌，拌完後，湯匙可放在咖啡杯的後方，要喝時才不會被擋到，較方便飲用。此外，不可用湯匙舀著喝。坐著喝時，不必把杯子托碟拿起來，但參加酒會站著走動時，就可將托碟拿起。在餐後所端出的一般為濃縮咖啡，即法文中的「Demi-Tasse」，也就是半杯份量的咖啡。

通常西餐有分餐前、席間和餐後酒。最常飲用的餐前酒是雞尾酒或啤酒，席間酒為葡萄酒及香檳酒，餐後酒則多為白蘭地或利口酒。如果想喝葡萄酒，但又不知如何選擇時，可以點選該餐廳特別推薦的酒（House Wine），或請教酒侍，來為你推薦。

㈩餐具擺放

用餐的途中若想要離席，刀叉應在盤中擺放成八字形，叉面向下，刀切面向內，餐巾則可放在椅上。用完餐後，刀叉的擺法是併排以四至五點鐘的方向放置於盤內，刀面向內，叉面向上，暗示服務員可以撤下杯盤。餐巾則在離席時順手放在左手邊的桌上即可，不必刻意摺疊，不過若餐巾上有髒污時，應把餐巾摺疊起來，不要暴露髒污的一面。

㈩搭配料理的調味汁

如果是稠狀調味汁，應倒在盤內沒有放菜餚的空間（例如：沙拉醬），但是液狀調味汁（例如：奶油調味汁）就可以直接淋在菜肴上享用。

㈩檸檬汁液的用法

只要是切成月牙形或一半的，可以用右手拿著檸檬擠出汁液，再用左手遮住檸檬使用。如果已切成圓形薄片，就直接放在菜餚上面，再使用刀叉壓一壓即可。

㈩菜餚的吃法

1. 牛排：一般分為三分熟（Rare）、五分熟（Medium Rare）、八分熟（Medium）及全熟（Well-Done）等四種。至於吃法應先用叉子叉住牛肉的左端，再用刀子切一口吃一口，才能享受到真正的美味，萬萬不可一下子全部切成小塊，因為這樣會使美味的肉汁流失。

2. 雞肉：如果是帶骨的雞肉，要先把骨頭切開，就是先用叉子壓住肉，再用刀順著骨頭劃開，然後將骨頭取出放在盤子的上端。

3. 魚肉：把魚頭和魚尾間上層的魚肉切下，吃完後，再將整個骨頭挪移到盤子前端，再吃下一層的魚肉，切記不可將魚翻面。

4. 龍蝦：先取出蝦肉，其方法是先用叉子壓住蝦頭，再用刀子從蝦的背部插入殼和肉的中間，並由背側繞到腹側，等全部都劃開以後，再用刀子壓住殼並用叉子將蝦肉取出。

5. 咖哩飯：咖哩和飯是分別盛裝的話，應先用大湯匙舀一、二匙的咖哩倒在自己的飯上，不要一開始就把全部的咖哩淋在白飯上面去攪拌。如果是用湯匙吃，則應由內往外舀起來吃。

6. 麵條：用叉子將麵條放在湯匙裡，再用叉子將麵條捲成圓形狀後，用湯匙扶著吃即可。

7. 串燒肉：先用右手拿著餐巾，包住金屬串的柄，然後用左手拿著叉子，壓住前端的肉，慢慢地把肉一片一片地拉出來即可。

8. 沙拉及豌豆：通常可用叉子把沙拉叉起來，或者舀起來吃都可以，不過，像西洋芹或太軟的大片菜葉，就可以用刀子切著吃，但不要在沙拉碗中切，應把葉菜移到盤中上面再切，將叉子內側朝上，頂住豌豆，再用刀子把豌豆推到叉子上面吃，或者用叉背把豌豆壓扁後，再把豌豆舀起來吃，同樣地，吃米飯也可以用這種方法。

(六)自助餐的正確吃法

千萬不要去一趟就將冷食與熱食混合裝在一起，盛得高如山峰，很不雅觀。第一次應先取用冷食，第二次再取用熱食，最後才取盛水果及點心，當然可按照個人喜好只取用其中一、二種，不過，次序不能顛倒，這樣才能品嚐出各種不同美味的菜餚。

(七)結帳

結帳時，可不必至出納處，只要吩咐服務員，他就會將帳單送到餐桌，再詳細確認內容後，除了付費外，別忘了要給辛苦服務的服務員小費。如果你是受邀用餐，在餐會結束時，為表達謝意，可用「Thank you for your hospitality/kindness」，但切記不要說成「Thank you for your lunch/dinner」。

註：① Tips（小費）原意為 To Insure Prompt Service。因服務人員提供
了優質迅速的服務而付出的小額酬金。

② Tip-On 則是宣傳附頁，如附於菜單或小冊子上的單頁廣告。

以下幾點是國人常犯錯的進餐禮儀：

1. 張開嘴巴吃東西，而且邊說邊吃，甚至於把食物噴出來。

2. 雙肘放在桌上用餐。

3. 彈指發出聲音或拍手召喚服務員。

4. 使用手機大聲說話。

5. 縱容自己的小孩奔跑嬉鬧，打擾別人。

6. 在餐桌上，使用牙籤或將食物吐在餐桌上面。

7. 吃東西時發出大聲響，尤其是喝湯，喝得唏哩呼嚕。

8. 用餐巾擦臉上的汗水或擦餐具。

9. 吃完的盤子，自己把它推到另一邊或把它重疊起來。

10. 目中無人，在餐桌上任意地梳頭或化粧。

11. 自行食用，而枉顧同桌客人的用餐速度。

12. 手拿刀叉比手畫腳。

西式套餐的供應順序

就一般西式套餐的供應順序及內容可分為以下十一種：

(一) Hors d'oeuvre 前菜

美國人稱為 Appetizer，中國人叫前菜，Hors 代表「前」，而 d'oeuvre 代表「餐食」，即在正式餐食前所供應的菜餚，其目的在於增進人們的食慾，因此，法國菜在正餐前提供 Hors d'oeuvre，北歐則為 Smorgasbord，中國則為冷盤。前菜應以少量、能開胃口帶有地方色彩並以季節性材料為原則。

㈡ Relish 佐餐小菜

以手指撮拿的方式食用豆類或杏仁，即為 Side Dish，通常放置在桌上，直到甜點出盤後才可收回。

㈢ Soup 或稱為 Potage 湯

可分濃湯（Potage）及清湯（Consomme）。

㈣ Fish 魚

除正式餐以外，通常把魚的供應略去，但也有將魚當為正菜食用的。例如：天主教徒每週五一定要以魚為餐食，所以有許多的餐廳都將魚當作週五的特別菜，而配合吃魚的酒以白葡萄酒最適合。

㈤ Entrée 主菜

由字義上可得知，從此就要開始進入正餐，其實用餐至此，正是全程的中間，所以亦可稱為中間菜，而提供中間菜的三大原則及 Entrée 的八大基本材料如下：

1. 中間菜的三大原則：
   (1)富於變化。
   (2)濃淡均勻。
   (3)易於銷售。
2. Entrée 的八大基本材料：
   (1)魚、貝類。
   (2)魚肉。
   (3)牛肉。
   (4)小牛。
   (5)羊肉。
   (6)豬肉。

(7)雞肉。

(8)各種家禽及其蛋類。

一般來說，西歐人嗜好小牛肉，東歐人與回教徒則喜愛羊肉，除此之外，也可用咖哩、生菜、義大利麵或蔬菜類來代替。然而，在 Entrée 的八大基本材料中，最受歡迎的是牛肉，尤其以牛排最容易吸引顧客也最利於推銷。

(六) Vegetables 蔬菜

蔬菜類是附於 Entrée 而食用的，又稱為「Carniture」，因主菜所含脂肪較高，為幫助消化，平衡營養之用，所以提供馬鈴薯、甘藷等澱粉類。近年來亦有用米來替代馬鈴薯。

(七) Roast 烤肉

這道菜就是主菜，最高級的牛排是 Roast Beef。如：菲力、肋排、及沙朗牛排等，再來就是雞肉、火雞及鴨等都可當作主菜。至於牛排的烤度分為：Well-Done（全熟），Medium（八分熟），Rare（三分熟），Medium-Rare（五分熟）等應問清楚顧客的需要，為幫助消化，一般都附有馬鈴薯或生菜。

(八) Salad 生菜

只用一種蔬菜的是 Plain Salad 各種混合的是 Combination Salad。

使用葉的部分如：萵苣、香菜、水芹，使用莖的有蘆筍，利用花蕊的有花椰菜、甘藍，只用果實的如秋葵，用根的部分有蘿蔔等等。

(九) Cheese 乳酪

正式的晚餐，在法國，乳酪是不可缺少的大菜，所以種類繁多，但較有名的如下表：

表 10　各國乳酪名稱表

產　地	名　稱
瑞　士	Gruyere. Emmenthal
英　國	Cheshire. Cheddar. Stiltono
義大利	Parmesan. Gorgonzola
荷　蘭	Gouda Edam
法　國	Camembert. Roquefort

註：法國人的習慣是在吃水果以前先吃乳酪。

(十) dessert 點心

如派餡餅、蛋糕、布丁、水果、果凍、冰淇淋及冰凍果子露、乳酪等。

(土) Beverage 飲料

正餐的咖啡，份量較少，所以稱為 Demi-Tasse（半杯）。

①口布　　　　　　　⑧奶油塗刀　　　　　A.水杯

②飾盤　　　　　　　⑨奶油刀　　　　　　B.香檳酒杯

③湯匙　　　　　　　⑩奶油罐　　　　　　C.平底杯（啤酒）

④冷盤用刀叉　　　　⑪冰淇淋匙　　　　　D.利可酒杯

⑤魚刀叉　　　　　　⑫水果刀叉　　　　　E.紅葡萄酒杯

⑥肉刀叉　　　　　　⑬咖啡匙　　　　　　F.白葡萄酒杯

⑦麵包盤子

圖4　全套餐具排法

圖5　用餐休息時，刀叉的三種排法

圖6　用餐完畢，刀叉排法

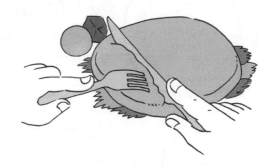

圖7　基本切法

圖8　正確的坐姿

圖 9 不正確的坐姿

以下是西餐用餐的參考圖片：

點菜　　　　　　　　　　　　　　坐姿

搖酒

聞酒

切羊排

切羊排手勢

塗奶油

切豬排手勢

用餐休息時餐具排法

喝湯

圖 10　西餐參考圖片

七、如何品嚐餐酒

美食佳餚，必須配上香醇美酒，才能相得益彰。在正式的餐宴中，供應酒的順序通常是「餐前酒」、「席間酒」及「餐後酒」。

(一)開胃的餐前酒

餐前酒稱為「Aperitif」，意思是說這種酒具有開胃、促進食慾的功能，既然在刺激食慾，最好選擇一些比較「澀味」的淡酒，因為甜酒與烈酒對胃口反而不好。美國人通常喜愛選飲雞尾酒，英國人喜歡喝雪莉酒（Sherry），但在較正式的場合中則使用苦艾酒（Vermouth）來開胃。有些人喜愛較濃的味道，就在苦艾酒中加上威士忌，變成有名的雞尾酒「Manhattan」，它可稱為雞尾酒的女王，受到許多女性的喜愛；如果加上的是杜松酒，就變成「Martini」，又稱雞尾酒的國王，是男士們最常選用的餐前酒。如果滴酒不沾的人，可以引用番茄汁、柳橙汁、鳳梨汁或可樂。

在正式的宴會上，餐前酒通常是在另外一個房間飲用。如果是非正式的約會或晚餐的應酬，可以先在酒吧或大廳的酒廊飲用，較有情趣。到了要入座用餐時，剩下的酒應該留在原來的地方，不可帶到餐桌上繼續喝。

(二)增加滋味的席間酒

在西餐中，最常用席間酒當然非葡萄酒莫屬了。西洋人喝葡萄酒，講究配菜色，用以增加滋味。一般說來，如果吃的是一般魚肉或清淡的白肉（例如：雞肉），就要配味道清淡、不甜的白葡萄酒；但像鰻魚等較油膩的菜或富有滋養的紅肉（例如：牛肉等），就要搭配濃郁芳香的紅葡萄酒。口味比較淡的玫瑰酒，則適合任何一種料理。飲用葡萄酒的原則是「先白酒後紅酒」、「先新酒後陳酒」、「先淡酒後濃酒」及「先澀味後甜味」。

不喝酒的人可以選擇下列搭配的方式：

➤前菜、魚肉可搭配檸檬汁或無氣礦泉水。

➤白肉類配柳橙汁、白葡萄汁或葡萄柚汁。

➤紅肉類配紅葡萄汁。

➤燒烤的料理配礦泉水加檸檬。

➤乳酪配牛奶。

➤點心配白葡萄汁。

(三)幫助消化的餐後酒

正式的餐會結束後，通常大家會回到客廳，繼續喝茶或咖啡，這也是供應餐後酒的時候。因為餐後酒是幫助消化的酒，所以法文稱為「Digestif」。

最普遍的餐後酒是白蘭地，另一個就是利可酒（Liqueur）。喝白蘭地，一次應只倒入五分之一的量，然後用雙手捧著酒杯，靠手心的熱氣將酒香慢慢蒸發出來，再低著頭旋動一下酒杯，用鼻孔吸進散發出來的醇香；接著淺淺地啜了一小口，讓酒由嘴唇、舌尖循著咽喉，緩緩滑溜下去。這樣的喝法，不但有助於血液循環和消化，而且餘味繚繞，讓人感到飄飄欲仙。

利可酒又名香甜酒，美國人習慣稱它為甘露酒（Cordial），它的口味芳香，色彩變化無窮，因此有液體寶石之譽。利可酒可以單獨飲用，也可調配成雞尾酒，如適合女性飲用的綠色薄荷酒（PepPermint）和杜邦尼酒（Dubonnet），都是由利可酒調成的。喝餐後酒的目的在於幫助消化、促進談興，所以不宜多喝，更不應該乾杯。

如果在雞尾酒會上，喝酒最多不可超過三杯。雖然各國民族性不同，喝酒方式亦不相同。例如日本人喝酒，是不醉不歸，俄國人是豪飲，美國人最講究享受三個 D，即 Drink、Dine 及 Dance（醇酒、美食及舞樂），而法國人則重視三個 W，即 Women、Wine 及 Wonder（美女、名酒及妙趣），日本人則為三個 S，即 Sake、Sashimi 及 Sayonara（酒、生魚片及不醉不歸）。

中國人講究三個 C，即 Cheers、Chat 及 Chow（乾杯、暢談及口福）。

如何點酒、試酒？

用餐時，如果自己對酒的選擇沒有把握，最好能請教餐廳裡的調酒師或服務員。當點了酒後，在未開瓶前，服務員會先請主人試酒，試酒的步驟如下：

㈠先看一看標籤上的「品牌」是否正確。

㈡開瓶後，看瓶塞上燒印的酒名。

㈢服務員會倒一些酒在杯中，主人將酒杯傾斜對著燈光，注視著酒的色澤是否正常？紅酒應該是清澈亮麗的寶石紅或暗紅；白酒應該呈現琥珀白；玫瑰酒則是淡玫瑰紅色。

㈣慢慢拿起酒杯，像畫著圓圈圈般地輕輕搖晃，讓香氣緩緩釋放出來，再深呼吸一下，聞著溢出的酒香味。

㈤啜一小口酒含在嘴裡，讓它在舌頭各部位滑轉，用舌尖辨甜度、舌側辨酸度、舌根辨澀度，再用舌後辨後韻，看看甜、酸是否平均。

㈥慢慢嚥下去，讓酒通過喉嚨，以判斷濃淡度，再由鼻孔輕輕地把氣吐出來，這樣酒的芳香自然會擴散在鼻腔裡。

總之，品酒的祕訣是先用眼睛欣賞色彩，接著用鼻子聞一聞香味，再喝一口試試味道。即所謂「色」、「香」、「味」俱全就是品酒的奧妙。

喝酒不醉的訣竅

㈠首先要了解哪一種酒，適合自己的體質和自己的酒量。

㈡絕不要牛飲，要一邊吃餐點，一邊慢慢喝。

㈢小心不要去喝那些色彩艷麗的雞尾酒。

㈣如果不想喝，或喝太多，要毫不客氣地說：「不」。

㈤千萬不要憑著好奇，試喝每一種酒。

斟酒的禮儀

斟葡萄酒，以不超過杯身三分之二為宜。紅葡萄酒雖然尚未喝完，也可以再添加；但是，白葡萄酒因為是喝冰的，所以，一定要全部喝完後，才可以再加酒。要注意的是，當服務員斟酒時，酒杯放在桌上就好，不可拿起。如果不想喝酒，只要用手略遮杯口即可，不可將杯子覆蓋在桌上，這是很不禮貌的行為。

香檳酒是「酒王之王」，任何場合都可以飲用。在最講究的宴會上，可以從頭到尾只供應香檳酒，即餐前酒飲用很澀的（Brut）香檳；席間酒飲用澀的（Sec）香檳；而餐後酒可在食用點心時飲用甜味的（Doux）香檳。

喝香檳酒的時候，應該一邊欣賞湧起的泡沫，一邊將酒杯稍微傾斜，讓酒貼靠唇邊停一下，先聞一聞撲鼻而來的香味後，啜一小口含在舌尖上，再喝下肚。

八、認識日本料理

日本料理可分為三大類。就是本膳料理、懷石料理和會席料理。

本膳料理是日本武士制度下的產物，始於足利義滿時代。當時僅限於富商階級始能享用，直到江戶時代才普及庶民。明治時代因歐風料理盛行，以致到了大正時代便已式微。現在正式的本膳料理已不多見，僅能出現在少數的正式宴會，如婚喪喜慶、成年儀式及祭典的宴席上，一般菜色由五道菜二湯到七道菜三湯等，而且很講究禮節，所用的端菜托盤是帶有四個腳的方盤。

至於懷石料理是在日本鎌倉及室町時代，因茶道形成所產生的。即在品茶前獻給客人享用的精美菜肴。所以稱為「懷石」，據說當時的僧侶邊聽禪、邊喝茶，但空肚喝茶容易傷胃。只好抱著燒熱的石頭

暖胃，這就是「懷石」的由來。因為料理是一道一道地端出來，較能保持原味，後來成為目前的高級料理。

會席料理是在江戶時代由「料亭」（日本傳統式餐廳）發展出來的。用餐方法較簡單自由，不像本膳料理及懷石料理那樣嚴謹，而所用端菜的托盤也沒有四個腳的平底盤。

出菜的次序如下：

㈠前菜（開胃菜）

㈡吸物（清湯）

㈢刺身（生魚片）

㈣煮物（水煮）

㈤燒物（燒烤）

㈥揚物（油炸）

㈦酢物（涼拌）

㈧白飯

㈨味噌湯

㈩香の物（醃菜）

㈠水果

㈡茶。

九、日本料理用餐禮節

日本料理的用餐禮節，可用優美和精緻加以表達。優美顯示在其刀法、餐桌布置、食器的彩色和季節的變幻順應。尤其特別強調營養價值之外，更重視五味、五色和五法的烹飪技巧的修養工夫。最重要的是如何在優雅寧靜的氣氛中，以柔和溫雅的教養去品味及享受精緻細巧、美味可口的料理，這就是精緻的表現，也就是用餐的禮節。

禮節的基本要領為「始於用筷，終於用筷」。只要遵守用筷的禁忌，不但會很愉快地享用日本美食佳肴，更能表現自己優雅高尚的風

度和氣質。

(一)筷子的拿法

首先用右手拿起橫放在筷架上的筷子中央，再用左手托住筷子下面，接著用右手由上方滑向筷子右端，再轉去下方，並將手掌反轉朝上，移回筷子中段，當拇指移到中段上面時，緊緊拿住筷子，並將左手放下。

如果左手已經拿著碗，又想用右手去拿起筷子的話，應先用右手拿起筷子，再用左手的中指和無名指夾住筷子的左尖端，然後將右手反轉拿好筷子。如果餐桌上沒有筷架，你自己可以將裝筷子的紙套摺成筷架臨時應用。用筷子的時候，不要把筷子尖端三公分以上的部分弄髒，萬一要是弄髒了，應趕快用棉紙擦乾淨。

(二)碗的拿法

應先用雙手將碗拿起來後，再移至左手拿穩。如有蓋子的碗，在掀起蓋子前，應用左手托住碗下，並用右手掀開蓋子；打開後，蓋子要面向著自己的方向才對。假如碗原先已放好在膳架的中央或右邊，這時，打開來的蓋子就要放在膳架的右邊外側，並將蓋子翻面放著，如果在左側，蓋子就要放在膳架的左外側。如果有好幾個蓋子的時候，千萬不可將它們一個一個地疊高起來。用餐完畢後，應把所有蓋子一一蓋回去原來的碗上。

(三)前菜和湯

當侍者送來前菜時，如果有各種不同的菜色擺在一碟時，應該先用左側的，再吃右側的，最後才吃中央的菜照著順序，輪流享用。前菜吃完後，接著就是要喝湯。應先用左手扶在碗的邊緣，再用右手慢慢地掀開蓋子，先讓碗蓋上面的湯汁流進碗裡後，再把蓋子朝上放在桌上。然後用雙手端起碗，先啜一兩口，以便品嚐其香味後，再放回

桌上。接著，才可以拿起碗和筷子，交互著吃湯裡面的菜肴和湯汁。千萬不可一下就把全部的湯喝得一乾二淨，再去吃剩下來的菜肴。喝湯時，筷子的尖端應朝內側或向著碗，不可將筷子朝著外面指著對方，更不可用筷子在碗裡左右上下攪混湯汁，以免弄得一塌糊塗。

四生魚片

日本料理的重頭戲，就是生魚片。一般人常把芥末醬油攪混在一起，弄得面目全非，再用來沾著整個生魚片吃，這是不正確的。應該先把芥末直接塗抹在生魚片的中央，再去沾一點醬油，或者在醬油碟邊預先放一撮芥末，要吃生魚片時，先沾一下芥末，然後讓生魚片，順著醬油碟滑溜下去，順手沾一點醬油，這樣的吃法，才能夠保住原有生魚片的獨特風味。

如果有各種不同種類的生魚片，應由左而右，最後才吃中間的。也就是先吃味道較淡的，或顏色較白的生魚片，並把較肥的、較紅的，留在後面再享用，至於裝著沾生魚片用的醬油碟，也可以用手拿起來，托在胸前，或用棉紙當作托盤用，以免醬油滴落下來。

五便當盒

有些便當飯盒中，盛著各種菜色，並分別隔開來，這時應先吃主菜和靠近自己這一邊的菜肴。如果因為便當盒太大，無法用手整個拿起來吃時，應利用蓋子或棉紙當作托盤，盛著一些菜去享用。

六茶碗蒸（蒸雞蛋羹）

應該用左手拿著碗，右手使用湯匙享用。如果因為碗太燙，那麼就用棉紙托在碗底下取用，不可用湯匙把蒸蛋攪得稀爛後再吃。

七土瓶蒸（陶壺炖菜）

首先打開蓋子，再把酸橘慢慢地擠出汁液後放進壺內；要喝時，

先將湯汁倒入小杯子再喝。然後再由壺中取出一些食物，放入杯中後才去享用。記住一定要把食物與湯汁兩者分開交替放入杯中，再由杯中輪流取出享用。

(八)田樂（醬烤串豆腐）

日本料理的田樂是用竹籤串叉著食物，大部分是豆腐、蒟蒻，或是茄子，再沾著甜美的味噌烤好。享用時，應先用筷子按住豆腐，再將竹籤拉出來，然後再用筷子分成一口大小食用。

(九)烤魚

享用烤魚或烤蝦等烤物時應該先沾著摻有白蘿蔔泥的佐料一起吃，這樣才能吃出美味可口的魚香，而且不會感到油膩的味道。只要把磨碎的白蘿蔔倒入醬油中，再加些蔥末拌勻即可。

如要由口中取出魚刺，應先用棉紙或手遮掩著嘴巴，再用筷子取出魚刺，放在盤上的一端較有禮貌。

(十)壽司

日本人用手吃壽司只限於在壽司吧台上，他們先用右手的拇指、食指和中指捏住壽司，稍微向左傾斜，再沾些醬油，在沾醬油時，只沾著魚肉的部分，不可沾到飯粒，更不可將飯粒掉進醬油內。

如果壽司是放在餐桌上或裝在盒子裡面或是盤子上時，就應該用筷子享用，不過，沾醬油的方法跟前面所說的一樣。重要的是醬油不能沾得太多而使飯粒和魚肉分開。

(土)涼麵

日本涼麵的旁邊總附有一個放著調味汁的小碗，應先把專用的醬油放入小碗中，再放進一些蔥、薑，或芥末等香料。吃時先用筷子由竹簍中，挑取一口份量的麵條，再將麵條下端三分之一的部分放入小

碗裡沾著佐料，再夾出來後，吸進嘴裡，並發出輕輕的聲音吃下去，醬汁的小碗應該端起來使用。日本人吃麵的方法很特別。在吸進麵條時，只是吸最後一小段，並非從頭到尾一直在吸；而且吸的聲音要短促、低聲，才合乎禮節。

㈢用飯

用飯時，如果附有湯汁和香物（醃菜），不應該一直光吃飯或香物，應該兩者交替著吃，也就是先喝一口湯，吃一口飯和一口醃菜，依序交替進食。不可在飯上面放著香物和佐飯的菜肴。要再添飯時，應該留一小口飯在碗內，將飯碗放在侍者端來的盤子上，等添好飯後，再用雙手將盤上的碗端過來，接過飯後，不可以馬上就吃飯，應先放在膳架上，再端起來享用。千萬不可用左手拿著飯碗，右手同時拿著湯碗，這是最大的禁忌。

㈣毛巾和棉紙

一般人都將裝在塑膠袋中的毛巾或濕紙巾，用手猛拍撕破膠袋，發出驚人的聲音後取出毛巾（自己卻覺得很得意），其實這樣做，不但會驚嚇到周圍的客人，而且會遭受到白眼相看，更破壞了用餐浪漫優雅的氣氛，千萬不要做，應該用手輕輕撕破。毛巾是用來擦手和指頭的，萬萬不可拿來擦臉或嘴巴。

餐桌上的棉紙又稱懷紙，就等於西餐用的餐巾。具有下列幾種用途：

1. 擦拭筷子尖端的污點。
2. 撐住將要滴下來的湯汁。
3. 擦拭碗盤周邊的口紅痕跡或油膩的污點。
4. 擦去滴落的湯汁。
5. 包住吐出來的魚骨頭。
6. 可以當作托盤用。

　　用完餐後，應使用棉紙把筷子尖端擦拭乾淨後，再擺回原來的筷架上面。

➢日本料理用筷禁忌：

　1.不可用筷子指人。

　2.不可用筷子翻揀菜肴。

　3.不可用筷子拖拉食器。

　4.不可用筷子剔牙。

　5.不可舔含筷子。

　6.不可用來穿刺食物。

　7.不可橫跨在食器上面。

　8.不可在盤子裡猶豫不決。

　9.湯汁不可由筷子滴落下來。

　　可見，日本料理的用筷禁忌是將我國的加以簡化，應用在日常用餐禮節上。反觀我國雖有嚴格的規定，卻被現代人遺忘殆盡，甚為憾事。

　　日本人把筷子寫成「箸」，其發音同「橋」或「端」均念成HAS-HI，意思是很好，但唸成中國音，就有如「滯住」，很不順暢，而且不吉利。所以有人把它改成「快子」。後來索性加上「竹」頭，成為今日的「筷子」。當時，別的民族還用手抓食的時候，我們的祖先就發明筷子，這是文明的表現，所以我們應好好珍惜它，從小就培養良好的用筷習慣和飲食禮節。

十、中餐禮儀

　　我國歷來把飲食視為文化藝術的一種。因此，對於飲食，不僅只求果腹充饑，還要求色、香、味、形、器、環境，以及禮儀等各方面都要配合的整體美。

　　換言之，在飽食之餘，還要講究吃得好、吃得美，吃得文雅有禮，使中國飲食昇華為營養和教養合而為一的文化藝術修養。這樣，

不但能提高我國人的健康水準，更能發揚光大我國禮儀之邦的美譽。

現代的用餐禮節是注重實用，而不是裝腔作勢。所以把過去的繁文縟節都加以簡化以符合實際。

要享受一餐難忘的美食，首先應講究五個條件（5M）：

(一) Menu　　精美的菜單

(二) Mood　　迷人的氣氛

(三) Mind　　愉快的心情

(四) Manners　優雅的禮節

(五) Money　　適宜的預算

中餐禮儀的精華就是要懂得如何用筷子的要領。究竟要怎麼使用，才合乎中餐禮節呢？只要遵守下面所說的用筷禁忌，再加上進食時的六原則，那麼你就能享受美食的樂趣了。所謂的美食家，必須吃得斯文，懂得細嚼慢嚥，更要互相謙讓，禮貌周到。

(一)用餐六原則

1. 進食時保持良好姿勢。
2. 不要大口吞食、大聲說話。
3. 不可邊吃邊歎氣或時常看錶。
4. 勸酒、勸菜不可過份勉強。
5. 不要在餐桌上補粧。
6. 盡量避免談及宗教、政治及性的話題。

(二)用筷禁忌

1. 不可舔筷子。
2. 不可用筷刺穿食物。
3. 不可將筷子橫跨在食器上。
4. 不可用筷子拖拉食器。
5. 不可用筷子翻揀食物。

6. 不可舉筷子猶豫不決。

7. 不可讓湯汁滴落。

8. 不可用筷子傳接食物。

9. 不可亂揮筷子。

10. 不可用筷撞擊作響。

11. 不可用筷指人。

12. 不可倒拿筷子，夾菜給別人。

13. 不可用筷子剔牙。

14. 不可將筷子插立在飯中。

15. 不可用筷子打恭作揖。

16. 不可用筷子沾醬油。

17. 不可與別人的筷子相碰。

18. 不可折斷筷子。

19. 不可拿著筷子講話。

20. 不可從魚的骨頭間夾取下面的肉。

21. 不可握刀式的拿筷子。

22. 不可跨過別人的餐盤取菜。

23. 不可舉筷空取無物又放下。

24. 不可二個人在同一碗中夾菜。

25. 不可用不同材質的筷子素材配成一雙筷子。

26. 不可用筷將食物塞進口中。

27. 養成公筷母匙的良好習慣。

　　國人常犯的舉止，應避免使出中國功夫（外人譏笑中國人的特有舉動）如：

1. 揮手大聲喊叫服務員。

2. 頻頻拍手叫人。

3. 大聲喧鬧喝酒划拳。

4. 打噴嚏、吐痰，為驚人不雅之舉。

5.彈指神功叫人，或用雙手拍破濕毛巾。

6.嘴邊含著牙籤，上下搖動著說話。

十一、中、西、日餐用餐比較表

表 11　中、西、日餐用餐比較表

國家 項目	中餐	西餐	日式料理
服　裝	講究時髦與實用	講究 P.O.T （即依據地點、時間、 場合來決定）	講究時髦與禮儀兼具 （階級與身分）
席次安排	1. 長幼 2. 尊卑 3. 親疏 4. 貴賤	1. Position 2. Political 3. Personal Relation	1. 政經地位 2. 社會名望 3. 個人交情
坐　法	男女並坐	男女分坐	重男輕女
就餐姿勢	寬衣	寬心	寬坐
餐　桌	圓桌	方桌	方饍（方盤高腳）
宴會人數	最佳六、十、十二、十四人	忌十三人	五、八人最佳，忌四、九人
餐　具	瓷器	銀器	陶器
口　布	餐紙（巾）	餐巾	懷紙
筷　子	長、粗、直放	刀、叉分開放	短、尖、橫放
動刀、筷	前後動	上下動	左右動
上　菜	先主菜後湯 （湯匙、筷子並用）	先湯後主菜 （用湯匙）	湯及主菜可同時上 （不用湯匙）
烹飪法	三分技術、七分火候 （蒸）	四分技術、四分材料、 二分器具（烤）	六味、五色、五法 （炸）
主　食	豬肉	牛肉	魚肉
吃　法	用舌	用腦	用眼
菜　名	吉祥美名	材料、作法、香料	實用為主
主　茶	烏龍茶	咖啡、紅茶	綠茶
牙　籤	不應邊說邊用	飯中不使用	飯後使用

（續）

飲　酒	喜愛逼酒、勸酒、敬酒，還要乾杯（牛飲），只有餐中喝酒	只在開頭時敬酒一次，其餘各自看時機喝（馬飲），有餐前酒、席間酒和餐後酒	乾杯一次後，個人隨意喝（鯨飲），餐前先喝啤酒，餐中再喝其他酒
備　註	3C： 1. Cheers 乾杯 2. Chow 邊吃 3. Chat 邊談	3D： 1. Dine 吃 2. Drink 喝 3. Dance 跳舞	3S： 1. Sake 酒 2. Sashimi 生魚片 3. Sayonara 不醉不歸

表 12　中、西、日餐出菜順序表

順序	西　餐	中　餐	日　本　料　理
1	開胃菜（Appetizer）	開胃菜（大冷盤，有時熱盤）	前菜（開胃菜）
2	湯（Soup）	主菜（普通六至十二道菜是；通常是四、六、八道菜；有時十六、三十二道菜）（雞）	吸物（清湯）
3	魚（Fish）	蝦	刺身（生魚片）
4	第一道肉（Entrée）	豬肉	煮物（水煮）
5	冰凍果子露（Sherbet）	干貝	燒物（燒烤）
6	第二道肉（Roast）	湯	揚物（油炸）
7	沙拉（Salad）	蔬菜	酢物（涼拌）
8	甜點（Dessert）	螃蟹	飯
9	水果（Fruits）	魚	汁物（湯）
10	咖啡（Coffee）	點心	香物（醃菜）
11		水果	水果

十二、六國菜單

表 13　六國菜單表

國家 項目	日本 メニュー	法國 Carte	德國 Speisekarte	英國 Menu	義大利 Lista	西班牙 Minuta
前菜	オードブル	Hour-d'oeuvre	Vorspeise	Hour-d'oeuvre	Antipasto	Comida

（續）

湯	スープ	Soupe	Suppe	Soup	Minestra	Sopa
清湯	（コンソメ）	Consommé	Klare Suppe	Consomme	Consommé	Consomme
濃湯	（ポタージュ）	Potage	Dicke Suppe	Potage	Potage	Consumado
魚	魚	Poisson	Fische	Fish	Pesce	Pescado
肉	肉	Viande	Fleish	Meat	Carne	Carne
蔬菜	野菜	Légumes	Gemuse	Vegetables	Legumi	Legumbres
乳酪	チーズ	Fromage	Kase	Cheese	Formaggio	Queso
甜點	デザート	Dessert	Nachtisch	Dessert	Dessert	Postre
咖啡	コーヒー	Café	Kaffee	Coffee	Caffé	Café

十三、小費：大費心思嗎？

通常在台灣並沒有給小費的習慣，然而，在國外給小費是一種基本的禮貌。一般來說，根據各人職位的不同，會賞給不同金額的小費。

首先要了解小費的意義，英文稱「Tips」，意思是「To Insure Prompt Service」，即保證你會得到很迅速的服務，它跟服務費（Service Charge）是不同的。

按慣例，餐廳和飯店的服務費是計入在消費總額之內，大概佔10%至 15%，有時也加上稅金在內，所以原則上，就不必再給小費了，但對於有收小費習慣的歐美國家或服務員，所提供的服務特別好的時候，客人都會酌情給予一些小費以表感謝之意。

小費在歐美國家，大約是總消費額的 5%至 10%，但如果服務特別好時，可以多加一點，即 15%，當非常滿意時則為 20%。例如：你想在餐廳找一個比較好的位子時，可預先將小費塞入領檯員手中，那麼對方也會很識大體的給你回報，找一個特別的位置給你。

在餐廳結帳送來帳單時，你可將消費額連小費一同交給服務員，說聲：「不必找了！」或是用信用卡付費時，等服務員刷卡後，另將小費放在盤內交給對方，而有些地方的信用卡帳單內，有「小費」一欄，你也可以用信用卡一起將小費刷給對方。

小費如果要給服務員個人的時候，也可以在臨走時和服務員握手時，順勢塞張鈔票到他手裡。一般可以按照下列基準給小費：

㈠參加團體旅行時，應按領隊的指示付費，通常導遊給每天三元美金，司機一到二元美金。
㈡餐廳服務員——消費額的 10%-15%。
㈢計程車司機——消費額的 10%。
㈣理容院——消費額的 10%-15%。
㈤旅館門衛——每次開門一元美金。
㈥行李員——每件行李一元美金。
㈦房間清潔員——一到三元美金。
㈧房內送餐服務員——消費額的 15%-20%。
㈨酒吧調酒員——消費額的 10%-15%。
㈩遊輪上艙房清潔員——每天每住一人三元美金。
(十一)遊輪餐廳服務員——點菜的每人三元美金；收盤子的每人一元半到二元美金；領班每人一元半到二元美金。

在餐廳可放在餐桌上，房間內可放在枕頭上，有的遊輪希望旅客在完成旅程後、離船前或總結帳時，將小費分別放在信封內，信封上寫明給服務員或清潔員，有些旅館會在印好的卡片上註明負責清潔你房間的清潔員名字。有這種情形時，你可以把小費放在信封內，並寫明清潔員的名字，把信封放在枕頭上即可。

其實，根據我國古代禮俗，在上菜時，客人也有賞錢的習慣，如《金瓶梅》第十四回，寫著喬大戶娘子宴請吳月娘等人，上了湯飯，廚役上來獻了頭一道水晶鵝，月娘賞了二錢銀子。在當時，如主人對飯菜感到滿意，也會當場賞銀給廚師。這也許是後世給小費的原因吧！

十四、男女一般禮節與宴會服裝

(一)男女行路

國際上講究女士優先，因為女人先天上較男性弱，男性在各方面均有保護女人的義務。男女在公開場合行進時，女性應走在男性的右側，因為右尊左卑，表示男性尊重女性。在道路行走時，男人靠車道，女人靠人行道，表示有保護女性的意味。搭升降電梯則女性先進先出，上樓梯則女先上男後上，下樓梯時男先下女後下，男性於樓梯口再返身攙扶女性，遇到旋轉門時，應讓女性先走，男性在後推門。一男二女同行，男應在左，二女在右，不可二女分行左右，以免顧此失彼；一女二男同行，女性可在中間，二男護侍在側，左右逢源不致發生問題。到正式餐廳勿自行找位子，應由領檯員帶路就座，視覺佳的位子，應讓給女士坐。

(二)介紹

1. 把男士介紹給女士。
2. 把年輕的介紹給年長。
3. 把未婚女子介紹給已婚的。
4. 把一般職位的介紹給高職位的。
5. 把孩子介紹給大人。
   例如：王小姐，這是劉先生。
   　　　劉先生，我希望你和王小姐見見面。
   　　　王太太，這是李小姐。

(三)交換名片

1. 先站立起來。
2. 一邊介紹自己的公司和姓名。一邊用雙手遞送名片給對方。

3.雙手接受對方名片，不能低於胸部。

4.接到名片時應先看一看，姓名唸一遍，不但有禮貌而且如有不會
唸，當場可請教，對方會感到被重視。

5.名片應由下往上遞給對方。

(四)服裝

➤原則：整齊清潔、清爽悅目及符合 T. P. O

➤男士

1.襯衫——領子袖口（二隻指大）。

2.西裝扣子二個（扣上一個）；三個（扣當中）；雙排四個（扣二
個或上面一個）；雙排六個（扣上二個）。

3.西裝口袋，盡量不放東西。

4.襯衫袖口——比西裝袖長一至一公分半。

5.上裝後面開叉二十五公分。

6.領帶夾——胸口高。

7.皮帶——三孔（用第二孔）；五孔（用第三孔），長度到褲子側
面接縫處。

8.襪子——深色或黑色。

9.背心——上裝不必扣；六個扣子（底下不扣）；五個扣子（全部
扣上）。

註：T（Time）時間、P（Place）地點、O（Occasion）場合。

➤女士

1.萬能洋裝上裝。

2.耳環視 T. P. O 使用，但參加宴會一定要。

3.晚禮服，裙長過膝。

4.宴會不穿毛衣外套長褲，不戴腳鍊。

5.可用披肩。

6.帽子面紗白天可用晚上怕反光。

7. 旗袍開叉到中指貼在腿上的高度。

8. 皮包——二個手掌寬。

9. 鞋——晚上三寸高，白天二寸高。

10. 香水——耳後、前胸、手腕、手肘、彎腿膝蓋後、胸口、肚臍眼。

(五)手鐲戒指的佩戴及意義——一般戴於左手，右手的戒指是裝飾用

1. 食指：求婚，想結婚。

2. 中指：現在戀愛中。

3. 無名指：已經訂婚或結婚。

4. 小指：表示單身。

5. 手鐲：右臂表示自由；左臂表示已經結婚。

6. 訂婚戒與結婚戒同時戴的話，訂婚戒在上，結婚戒在下。

(六)男士服注意事項

1. 男士西裝分為單排釦及雙排釦兩種。如須上台頒獎、領獎、演講、介紹，和陌生女士說話，或面見長官等場合，上裝都應該扣釦子。而且只扣上釦子，不扣下釦子，不論單排釦，或雙排釦的西裝，記得，最下面的釦子是永遠不扣的。

2. 宴會請帖前寫著「Black Tie」是指黑色領結，「小禮服」的意思，不要誤作是打黑色領帶，這樣，會被認為是要參加告別式。

表 14　男女宴會服裝一覽表

場合時間	男裝	代替服	女裝	代替服
中午 12：00 至下午 6：00 前 婚禮、賽馬會教堂儀式、舞會音樂會	Morning Dress Morning Coat Cutaway Coat Cutaway-Jacket 常禮服（早禮服）	Director's Suit（半正式服） Dark Suit Black Suit（深色或黑色西裝）	Afternoon Dress（下午宴衣服）	Smart Day Dress or Suit（時髦、長短適中的套裝） One-Piece（洋裝）
下午 5：00 以後 宴會、舞會、婚禮頒獎典禮、音樂會	Black Tie Dinner Jacket（Bow Tie）（英） Tuxedo＝Tux（美） Smoking Jacket（法） 黑色禮服（小晚禮服）	可用 Social Suit 來替代 Tux	Cocktail Dress（雞尾酒會服裝） 或稱 AFTER-FIVE	Long or Short Dress（顏色鮮明的長裙或短裙） 或 Two-Piece（上下兩件式套裝）
下午 8：00 舞會、正宴、觀劇、婚禮、外交場合、頒獎典禮	White Tie and Tails. Full Evening Dress. Evening Coat. Tail Coat. 燕尾服（大禮服、白色燕尾服）	Director's Suit	Evening Dress（晚禮服） Long One-Piece. Ball Gown. Evening Gown.	Long Dress. Two-Piece. Cocktail Dress. 華貴長裙或上下兩件式套裝
喜宴	Director's Suit	Silver or White Neck Tie 或黑白 Stripe Black Suit	Afternoon Dress 5：00 後 Cocktail 或 Evening Dress	
喪宴	Morning Dress	Dark Suit（Black Neck Tie）	Afternoon Dress 黑皮鞋、黑皮包、黑襪子	

（續）

商業午餐、晚餐、會議及大部分晚間活動	Semi Formal Dress 半正服裝（西裝、領帶或休閒長褲、領帶和夾克外套）	套裝或褲裝
普通午餐、晚餐（非正式）	Smart Casual 整齊便服（比便服正式一點）長褲、襯衫加夾克外套	裙子、輕便裙裝或洋裝、卡其長褲或休閒長褲加上衣
輕便午、晚餐	Casual Dress 便服	長褲、Polo 衫、休閒鞋

(七)女性服飾十大原則

1. 如戴有帽子，一定要有手套，但有手套，不一定要戴帽。
2. 珍珠項鍊早上一串、下午兩串、晚上三串。
3. 胸花——白天葉多，晚上葉少。
4. 鞋子——白天不穿金銀色。
5. 短項鍊配搖擺耳環；長項鍊配鈕扣式耳環。
6. 穿晚禮服，不戴手錶。
7. 別針可戴在胸前、領口及腰部。
8. 花頭飾可用蘭花與玫瑰。
9. 金、銀飾應分開使用。
10. 餐桌上，可補口紅，但不可補粉；梳髮應到洗手間。

觀光活動篇

一、外出安全須知

對國際留學生的安全、加拿大溫哥華警察局曾提出一些安全提示事項。照樣可供出國觀光旅行者參考。

(一)在街上

1. 隨時要機警。行路有信心，提起精神行走。
2. 計畫你的路線，事先知道你要去何處及如何到達。
3. 先請教要到某盛會地點、餐廳，或商場之最好路線。
4. 要注意在你周圍是什麼人及有什麼狀況，小心某人走近你發問。應提高警覺、隨機應變。
5. 離開陌生或不舒適的場所。
6. 如果你察覺有人跟蹤你，就轉換路線，到最近的商店、餐廳、或須付錢打電話的地方。
7. 入夜後要走在光線充足，繁華熱鬧的街道上，試圖結伴同行，行於人行道中間，避免到與人隔絕的地區，如公園周圍無人的地方。隨身攜帶警笛或其它私人防身物，如果被襲擊就尖叫或大聲叫喊。
8. 告訴你的室友或屋主你要去何處及何時回來。
9. 不要持有大量的現金。在公眾地方，切記財不可露白。用銀行提款卡時，不要讓其他人知道你的密碼。
10. 保存你的護照於家中安全地方，只帶影印的護照及其他證件出門。
11. 不要獨自一人外出或接待陌生人，更不要搭坐便車。
12. 當行走時或慢跑時不要用耳機聽收音機，這樣就不容易聽到有車走近或陌生人走近了。
13. 不要攜帶武器。它們是非法及可能被用來攻擊你的器械。
14. 如果被打劫，不要爭論或打架。（萬一被攻擊，則先還擊保護自

己,試圖停止及離開攻擊者而自行逃生。)並立刻打九一一電話報警。

(二)晚間外出

1. 乘計程車回家是一個好辦法。須記下計程車公司及計程車號碼以備萬一。
2. 在卑斯省可以飲酒的年齡是十九歲。要買酒或進入酒吧,或夜總會、舞場是需要出示身分護照。
3. 在公眾地方如公園、海灘、車中或街上飲酒是非法的。
4. 你最好和朋友一起到酒吧,這樣,如果你與人會晤時,有任何麻煩,同伴能夠及時幫助你。
5. 如果你計畫飲酒,要確定有人可安排開車送你回家,確定你的朋友知道你住在何處及如何到你家。
6. 要知道自己的酒量,不可飲太多酒。
7. 不要讓酒吧中之陌生人開車送你回家,除非你有朋友同行。

二、個人旅行應注意事項

假如是個人旅行,每到一個地方觀光之前,可先到當地觀光局旅客服務處索取該地觀光名勝之簡介及地圖,並請教服務員一些應特別注意之事項。最好先到該地最高點,或最高樓俯瞰全市風景,這樣至少對該市有整體上的概念。

到博物館或藝術館參觀比較費時,所以應該控制時間,先觀賞自己最希望看的作品與傑作,才不致浪費時間。

在機場轉機時如因等候時間過長,無所事事時,可就近打聽是否有短時間的觀光遊程可以參加。當然要控制時間,以免趕不上轉機的時間。

在名品店採購名牌服裝或飾物後,最好裝入超級市場購物袋內,

以免因太耀眼,引起小偷的覬覦。

轉機前,在機場還有很多事情可以做:可以去洗手間看看設計與設備及使用情形以及衛生環境等,作為學習的參考;也可以到紀念品專賣店逛一逛買些具有當地代表性的民俗藝品,不但可以打發無聊的時間,又可增加旅行回憶的情趣。常言道:「酒、色、賭」是男人觀光旅行時,最容易犯的三毒,而女性則單獨(毒),意即不要單獨進出紙醉金迷的場所,尤其外出逛街、觀光最好有人作陪較為安全。

三、女人也可以放心單飛

近年來,隨著出國人數的增加,國人在國外遭到歹徒襲擊的事件屢見不鮮。然而,在國外旅行,女性遊客最容易遭遇到的襲擊事件是「性騷擾」、「扒竊」及「強暴」,而男性則不外乎是因為「酒」、「色」及「賭博」而引來的危險。身為女性,當國外男性對你百般殷勤時,千萬不要洋洋得意,一定要有所警戒,才不至於抱憾終身,這裡且把筆者周遊世界七十多國的經驗彙整成四大安全準則,供女性遊客們參考,作為保護自己的依據,期盼能提高警覺,確保旅行安全,才能享受觀光真正的樂趣:

(一)莫高估自己能力

1. 女性單獨在街上行走是最危險的,而且在歐美國家的酒吧或一流的餐廳是不准女性單獨進出的。
2. 莫名奇妙的微笑容易引起男性的誤會,以為對他有好感而被糾纏不放。
3. 對於英俊瀟灑、東張西望的男人,要特別提高警覺。
4. 拒絕別人最好的語句是:「今天不方便,請原諒!」。
5. 如有色狼糾纏時,趕緊混入人群中。
6. 如有陌生人邀請搭車,一定要婉拒。

(二)隨時提高警覺

1. 不要隨便拍照，以免引來不必要的麻煩，因為有些地方是禁止攝影的。
2. 不要隨便接受陌生人的招待，即使是一杯酒或一支菸，以免萬一他們放了迷藥在裡面。
3. 不要把貴重物品放在房內，應寄存在出納保險箱，隨身攜帶的現款也不要太多。
4. 提防有人假裝替你拍照，卻拿了你的相機拔腿就跑。
5. 在旅館洗澡時，最好把錢包也放在浴室，免得洗澡時，有人進入房內而未察覺。
6. 外出時，記得帶旅館的名片和地圖。
7. 團體行動時，萬一迷路最好留在原地，等候別人來找你。
8. 購物時不要過分殺價，免得遭到周圍群眾的不滿。
9. 觀光時，如需要當地導遊，應找熟人介紹。
10. 不要隨便把國內的住址告訴別人，以免不必要的麻煩。
11. 有特殊疾病的人，行前應請醫生開立英文疾病證明書及處方，以便臨時購買藥物。
12. 護照一定要與現款分開放，萬一遺失了，單是護照比較容易找回來，旅行支票號碼要先抄下來。
13. 不要代人攜帶物品通關，以免遭人利用，誤觸法網。
14. 隨身物品在公共場所絕不可離身。

(三)勿與人爭論、勿吝嗇

1. 不要與人爭論有關宗教、政治、軍事等問題。
2. 不要吝惜小費，旅行時花些小錢，可以確保基本的安全，使受惠者成為你的助力。
3. 與家人或朋友要有暗號或手勢的默契，以便連絡。

4. 外出衣著要配合當地習俗，不要隨便攜帶高級相機或名牌手錶等物品以免太過招搖。

5. 到衛生情況欠佳的地區，應先做預防接種。

6. 兌換外幣時，對周遭的環境應心存警戒。

7. 不要投宿安全不良的旅館。

8. 搭乘電梯要有警戒心，最好不要單獨搭乘電梯，進入電梯要站在靠近按鈕出口的附近。

9. 如需搭乘計程車，最好請旅館櫃台人員幫你招雇，女性不要單獨乘坐。

(四)避開危險區域

1. 當心試衣室會暗藏玄機，所以去服飾店最好找伴同行；試衣時，兩人可以隔門閒聊，以防萬一。

2. 如果自己開車，千萬把車門鎖上，最好加滿油以免遇到劫車，尤其應注意假車禍。

3. 要避開公園內的危險地區。切記清晨或夜晚不走入公園，白天到公園內遊憩，也應限於當地人群聚集的地方。

4. 白天觀眾少時，不要上電影院，此時較易遭到歹徒作案。看電影時，最好的位置是觀眾視線集中的中央區，千萬避免坐在人們不注意的後面位置。

5. 男女相伴同行時，男性要走在女性的斜後方，以便保護。

6. 不要在馬路上打開地圖，應走入餐飲店等不引人注意的地方再攤開地圖辨認方向。地理不熟悉的地方，務必要帶指南針。

7. 關於性騷擾防治法，台灣已定於二○○六年二月五日起施行，將來如果趁人來不及反抗、強吻、擁抱、襲胸、摸臀或私處等鹹豬手行為，最高可處兩年徒刑。在公開場所傳閱色情圖片、電子檔，讓別人有不舒服的感覺，都可能構成性騷擾。

　　除了以上四大準則，加拿大旅遊局曾提醒女性防範性騷擾的四

「BS」禁忌，值得想出國之女性觀光客作為參考：

1. No Breast　不袒胸

2. No Butts　不露屁股

3. No Backs　不顯背

4. No Bellies　不露肚

　　出國旅遊，如能記得以上四大準則，相信必能達成：「有備走天涯，旅遊更開懷」的境界。

四、女性外出應備的常識

㈠女性獨自旅行，最易招致意外，尤其外國男人的過分殷勤，應該要特別當心，不要跌入陷阱。

㈡如果邀你搭便車，最好婉謝，以免遭到意外。

㈢切勿隨便對異性含笑不語，歐美男性認為表示同意。不懂或不明白的事，不要隨便答應。如不願接受男方的好意時，應斬釘截鐵地回答：「不，謝謝。」或有強行邀請時，最有效的拒絕是：「今天不方便，請原諒。」

㈣不可以輕易將你的房間號碼告訴對方。

㈤如遇到有色狼盯著你時，趕快走入人群或附近的商店，以便讓對方失去目標。

㈥女性絕不要單獨前往酒吧，也不要和男性跳舞而被誤認為職業伴舞女郎。

㈦女性戴戒指要特別注意其意義，否則容易招徠男性的追求，或發生無謂的困擾。記住，右手的戒指是裝飾用的，並無特別意義，但左手的戒指就有如下的意義。

　*1.*食指：代表正想要找尋理想對象。

　*2.*中指：目前正在戀愛中。

　*3.*無名指：已經訂婚或結婚。

*4.*小指：表示目前仍是單身貴族。

㈧在馬路上走路時，最好與車行反方向行走，並將皮包斜背，代替肩背，以防扒手下手。

㈨穿著不要太性感，以免自找麻煩。

五、參加旅行團的禮節

㈠應向參加的同伴自我介紹，互相連絡感情。

㈡每次集合，必須守時，不要讓別人等候。

㈢不要批評所參觀的地方，以致導遊對你印象不好。

㈣導遊在解說時，應注意傾聽，以示尊敬。

㈤應特別照顧年老或單身團員，不時邀請他們參加談話或活動，不應冷落他們。

㈥應感謝導遊及安排旅程的相關人員。

㈦萬一脫隊迷路時，應留在原地不動，等候導遊或團員來找。

六、觀光五戒

㈠不接近危險地區，尤其是花街柳巷。

㈡不要遺失護照、機票、現款、信用卡等重要文件。

㈢要入境隨俗、尊重當地傳統文化與風俗習慣。

㈣要積極參加有益身心的觀光活動。

㈤要以輕鬆愉快的心情，彬彬有禮的風度，享受旅行的樂趣。

七、親子旅行

㈠出發前，應與小孩共同研究或閱讀有關目的地的書籍，以便對當地的文化習慣有所了解。

㈡與小孩同行，行程不要安排太緊湊。

㈢先計畫整個行程，然後省略一半。

㈣在人群擁擠的地方，應要求小孩攜帶哨子，以防萬一失散時可加利用。

㈤在公園或海灘時，一定要靠近小孩，不可分離。

㈥給年齡較大的孩子一些零用錢，以便自己買些紀念品。

㈦攜帶一些暈車藥。

㈧帶些零食、並計畫好用餐時間。

㈨應盡快協助小孩適應「時差」。

㈩準備能應付四季氣候變化的衣服。

(十一)不要忘記帶些玩具及故事書。

(十二)如係長途飛行的旅行，隨時準備透明唇膏，及飲用水。

(十三)攜帶輕便可折疊式的嬰兒車，可兼用小床及椅子。

八、生態旅行

自然生態資源是人類無形與無價的資產，然而人類毫無節制的發展工業，破壞自然環境，迫使自然生態面臨空前最大的威脅。

生態保育、生態休閒活動產業的發展，可以說是人類對自然資源與生態環境所採取的保護行動。教育的功能，有藉於對自然生態資源與環境的了解與培育，生態旅行的發展，就是最佳途徑之一。

九、生態旅行要點

㈠徒步旅行時，應遵照指示標誌的道路行走。

㈡應小心處理所有垃圾，自行帶回或投入分類垃圾箱。

㈢不要購買將要絕種或保育類的物品。

㈣長途旅行時，須將車子引擎調整至能發揮高性能。

㈤盡量利用公車旅行。
㈥在合理範圍內，避免使用空調機。
㈦洗澡時，盡量以淋浴代替沐浴。
㈧離開房間時，把窗簾關上以減輕能源的消耗。
㈨購買少量或樣品大小的物品，並將容器保留起來，供將來再加利用。
㈩購物時，盡量使用帆布袋，少用店裡提供的袋子。
(十一)使用能夠多次利用的瓶子裝水。
(十二)飲料、點心等飲食，應裝在能多次利用的容器內。
(十三)盡可能選擇利用環保優質的旅館或航空公司。
(十四)禁止攀折花木、樹葉或刻劃樹幹。
(十五)閱讀過的摺頁應投入回收桶。

十、參觀博物館應守的規範

各種博物館都訂有各自的參觀規則，所以進入博物館後，應先留意博物館的簡介或摺頁上有關禁止事項的標示，如果不確定，應隨時詢問館員，以免違禁失禮。

㈠禁止追逐嬉戲。
㈡禁止大聲喧嘩或使用手機。
㈢禁止觸摸展品。
㈣禁止攝、錄影。
㈤禁止使用鉛筆書寫。
㈥禁止攜帶危險物品入館。
㈦禁止抽菸、吃口香糖、嚼檳榔。
㈧禁止攜帶食物、飲料入館。
㈨禁止攜帶動物。
㈩請多使用寄物服務設備。

(十一)請保持服裝儀容整潔。

(十二)請抱著欣賞學習的態度參觀。

參觀博物館不必貪多而囫圇吞棗，要重質不重量，並應抱著學習研究的態度，盡情享受一堂多彩多姿的知識饗宴。同時要尊重博物館的文化資產以及遵守禮儀。

十一、參觀美術館應守的規範

㈠應依次排隊購買入場券。

㈡當日購票、當日有效。

㈢遵守參觀規則。

㈣手提物品必須寄存。

㈤進入展區必須接受安檢（視各地情況而異）。

㈥禁止拍照及錄影。

㈦禁止攜帶食品、飲料入場。

㈧禁止攜帶鉛筆以外的任何書寫繪畫工具。

㈨禁止觸摸展品及相關展覽設備。

㈩禁止喧嘩。

(十一)禁止使用手機。

(十二)十二歲以下兒童須由成人攜同參觀。

(十三)精神病患者不予入內（病症輕者須由監護人陪同）。

十二、溫泉之旅

㈠空腹、酒後或剛用餐完畢時不要入浴。

㈡泡湯要全裸入浴、穿著泳裝或圍著毛巾都是不對的方式，會破壞溫泉水質。

㈢泡湯之前，必須先把身體洗乾淨，但不要用力搓洗，因為溫泉鹼性

相當強、可能會造成皮膚不適。

㈣孕婦、有心臟病、皮膚病或皮膚上有傷口者不要泡湯,用腦過度、激烈運動後、熬夜隔天,不要猛烈泡湯,可能造成休克。

㈤不常泡溫泉者,最好泡攝氏四十度以下的溫泉、否則,可能會造成身體不適,且為避免突然浸入熱湯,可能引發腦貧血的危險,浸泡前後先以熱湯淋濕頭部或身體。

㈥泡湯最長以十五分鐘為限,避免皮膚的水分流失,如果感覺不適,趕快起來沖冷水。

㈦泡湯後,身體盡量採用自然乾燥方式,不要用毛巾擦拭,以保留皮膚上的溫泉成分。

十三、水上樂園安全須知

美國紅十字會與一些水上樂園業者均提供下列的安全注意事項,提醒遊客小心,希望他們能快快樂樂出門、平平安安回家。

㈠最好具備基本的游泳技巧。若不會游泳或不太精通游泳,一定要穿救生衣。

㈡在自己與其他成員下水前,確定要進入遊玩的區域有救生員在看守。

㈢閱讀所有警告與注意標誌。切記要遵守由救生員所給予的規則與說明。如果不確定遊樂設施使用的正確步驟,要詢問救生員。

㈣每個遊樂設施的水池深淺不一,而且各有身高限制,確定孩童的身高符合使用遊樂園設施,並確定個人與孩童沒有標示上所提及的某些不適合水上活動的疾病,如心臟病、高血壓或懷孕等。

㈤當結束一個遊樂設備要至另一個設施時,注意每個水池深淺不同,因此使用時標準也會不一樣。另外水上樂園的走道容易滑倒,最好不要在走道奔跑,以免滑倒。

㈥一般人最不會錯過的是滑水道,記住滑行時姿勢要正確,也就是雙

手抱頭，頭朝上，腳朝下的姿勢。

㈦穿著適當，為防孩童晒傷，可先為孩子戴上帽子，若陽光過烈，再讓孩子穿件寬鬆的短袖。至於鞋子方面，最好是穿防水鞋，以免地板太燙而燙傷腳板。

㈧出門前即為孩子擦防晒油，不要到了現場才擦，以免跳進水內會立即被溶解。而且應擦上不溶於水的防晒油，記得全天中須不斷補擦。出門前最好先喝水，到現場時，孩子們就會有足夠的水分抵擋烈陽，也可避免脫水。

㈨若看到他人有溺水的危險，勿扮演英雄角色奮勇下水救人，應即刻找救生員搶救，方法是大力向救生員揮手，讓他們知道你的用意。

㈩不要過分嬉鬧，例如朋友故意用激將法要你做某些原本不想從事的活動，即使這些設施是樂園內最刺激、最有挑戰性的滑水道，如果覺得自己沒有把握可以控制得當，萬萬不要勉強，須了解自己的極限。

㈢不要單純獨玩任何一項設施，最好是在朋友或家人視線可及的範圍內，如果一旦出問題，其他人才會注意到。若是一群朋友去玩，最好約定時間多久聚集一次，記得在約定的時間與地點一定要準時出現，以免其他人擔心。

十四、公園內散步應注意事項

加拿大溫哥華公園對遊園旅客特別提示個人安全的注意要點，在此摘錄以提供大家參考：

㈠赴公園散步時，應事先告知家人或朋友所要走的路徑或時程。

㈡選擇寬敞和明亮的路徑，如要行徑偏僻山路，應找些同伴共行。

㈢隨身攜帶手機。

㈣帶狗同行，可有警覺作用或保護功能。

㈤對於可能受襲擊的情況，隨時保持防備。

㈥輕鬆享受散步，但對周遭環境要保持防備。

㈦抬頭掃看、直視，但不盯看路人，要表現自信不畏的神情。
㈧不與陌生人談論自己，並避開林間的可疑份子。
㈨穿輕便鞋，可隨時跑離。
㈩不戴貴重飾品可放至不明顯的內袋。
(十一)如察覺有人跟蹤的嫌疑，應立刻離開，並走進附近商店或住家中。
(十二)隨身攜帶哨子、警鈴或其他防身用品。
(十三)如遇麻煩，應採取任何能引起他人注意和協助的方法。
(十四)不要攜帶音樂耳機，以便欣賞風景，又可隨時注意聽看周遭環境。
(十五)如有兒童同行，隨時保持在視線距離中，並應陪伴孩童進入公廁。
(十六)如看見可疑人物應立即報警或告知公園員工。

十五、不公開的公共場所

有人說只要看一看一個國家的公共洗手間的衛生設備和清潔維護狀況，以及使用人的公德心，就不難看出這一個國家的文化水準之高低程度，這句話確實很有道理。當筆者到一個地方觀光旅行時，最好奇的地方便是「不公開的公共場所——洗手間」。在世界各國，不公開的公共場所各有不同及差異，以下特舉幾個例子：

㈠歐洲

歐洲各地設置在火車站裡的洗手間，大部分都有人在那裡管理收費及負責清潔工作，有些是使用前先付費，有些是使用後給予小費，放在事先準備的小盤上。奇怪的是在倫敦火車站內的洗手間，男女收費標準不一樣，女性是男性的一倍。在歐美一流的旅館內，除馬桶外，尚有類似馬桶的女性專用噴水式洗滌器，要調整水壓時千萬小心，免得一轉開來，噴水沖天，滿身濕透。

(二)北美

美國或加拿大的公共汽車站，有些衛生設備很周到，在馬桶座位上都會供應紙墊，以維持個人衛生，真叫人佩服！不過要在門前投進錢幣才能使用，有些熱心的人，在使用後仍然大開其門，好讓下一個人能免費使用，頗富人情味。筆者曾在墨西哥的公路站洗手間，遇到沒有燈光的情形，只好在黑暗中摸索，冒險登高，令人啼笑皆非！又有一次在巴西里約公路站的洗手間，剛要使用時，馬桶座蓋竟然應聲而破。最糟的是在瓜地馬拉機場內，使用完洗手間後，因工作人員急著下班而將門鎖上，筆者急得不得不爬上門，匆匆地逃出來。

(三)日本

日本的公共洗手間，可能是最講究衛生與清潔的，隨時隨地都有人拿著拖把，東拖西拖，而且使用的人也很遵守公共道德及紀律。

然而，到國外旅行時，應行特別認明洗手間的標示，見下表。當然，不一定都用文字標示，一般普遍的是男的用禮帽、菸斗或拐杖表示，女的則用高跟鞋、長手套或口紅，較特別的用太陽代表男性，月亮代表女性，或用公牛、母牛、公雞、母雞等……真是多姿多彩。

表 15　日、英美、法、西男女廁所標示表

國家	洗手間	男用	女用
日本	「トイレ」或「お手洗い」	殿方	婦人
英美	Rest Room（W.C.）、Wash Room、Powder Room 及 Bath Room	Gentlemen（Men）	Ladies（Women）
法國	Toilettes	Messieurs（Hommes）	Dames（Femmes）
西班牙	Servicio	Hombres（Cabaleros）	Senoras（Namas）

　　沖水的方式更是五花八門，有的用手拉或用手按、用腳踏、有電動的、有電腦的，有時候找不到從哪按，原來是裝置在盥洗檯的旁邊，更要注意的是，有時上面多出一條緊急用拉繩，可不要誤拉，造成誤會。

　　此外，筆者要特別強調的是，出國觀光的同胞要隨身攜帶衛生紙、零錢當小費，以及小型手電筒，以備萬一。同時應按排隊順序前進，尤其是大都市裡偷竊行為大都發生在公共洗手間，不但要隨時注意隨身物品，更要遵守公共道德，不要把衛生紙以外的東西丟棄在便池內，例如：香菸，或像在台灣一樣把檳榔汁亂吐在便池內，看似滿地沾血，相當不雅觀且沒有公德心。

商務、會議、留學篇

九、旅館接待會議業務的分類表

十、留學生應注意事項

十一、國際留學生安全須知

一、了解訪問地現況

商務旅行前，應先了解訪問地的相關資訊，例如：

㈠適當的服裝與穿著習慣。

㈡問候語及稱呼名稱。

㈢該國歷史和地理常識。

㈣贈送何種禮物較適切。

㈤氣候狀況。

㈥風俗習慣。

㈦宗教信仰。

㈧國慶節目。

㈨政府組織。

㈩貨幣結構。

㈠對我國人歡迎的態度。

㈡該國的飲食特性。

㈢學習幾句常用語。

㈣疫情。

㈤醫療現況。

到達目的地時，可先去圖書館、書局或領事館找當地有關禮俗及禁忌等書刊參考。

商務旅行應注意事項

㈠遵守當地傳統禮儀與道德。

㈡盡量配合時差，以調整行程。

㈢如被邀請參加任何活動或招待，翌日應即函謝主人。

㈣要隨時了解當地時事現況。

㈤特別注意有關飲酒風俗。

㈥不談及政治、宗教、習慣等話題。

㈦考慮天氣、環境、場合變化的衣著。

㈧日程應製作三份，一份留在家中，一份留給公司，第三份隨身攜帶。

二、女性商務旅行注意事項

女性主管因業務出差，去商務旅行時，應特別注意下列幾項問題：

㈠如進飯店內酒吧，不要坐在酒吧台旁邊，應坐於餐桌旁，並將公事包或文件夾等放在身邊，這樣做才不會被誤為你要人家請你喝酒。

㈡如有男士想請你用餐，可答應在飯店內餐廳，但你應事先交代出納，將你自己消費的帳單記入你的房間帳戶內，這樣就不必欠他的人情債。

㈢女性應選擇住宿飯店（Hotel），以代替汽車旅館（Motel），比較有安全感。

㈣在櫃台辦理住宿登記時，先告訴櫃台人員讓他知道你是一個人旅行，為了安全，不要向行李員說出房間號碼。

㈤進入房間前，如覺得有異狀，應通知安全人員查看。

㈥關門後，應上雙重鎖，如有人敲門，應由窺視孔看一看或先與櫃台確認，以確保安全。

㈦不要將現金放在房內。

㈧最安全的房間是靠電梯附近，因為來往人眾多。

㈨五、六樓因救火梯易到達較安全，而下層樓則小偷容易侵入。

㈩晚間要去健身房或停車場前，先確認有無警衛員在監看。

其他禮節禁忌

(一)稱呼

千萬不要稱「黑人」為「Negro」，最好用「Black」。

(二)食物

東歐國家不喜歡吃海鮮，並忌食各種動物內臟；伊斯蘭教徒不吃豬肉和有鱗的魚；俄羅斯人不吃海參、墨魚、海蜇和木耳；法國人忌吃無鱗魚和不吃辣。

(三)鮮花

國際交往忌用杜鵑花、石竹花、菊花或其他黃色的花；阿拉伯國家不送花；德國人認為鬱金香是沒有感情的花；義大利和南美洲認為菊花是「妖花」，只用於靈堂前；巴西紫色的花只用於葬禮。

(四)顏色

一般黑色是用於喪禮。法國人忌墨綠色（納粹軍服色）；巴西人認為棕黃色是凶色；德國人認為紅、茶和深藍色不吉利；巴基斯坦認為黃色是僧侶專用服色；敘利亞認為黃色是死亡色；委內瑞拉認為黃色是醫療的標誌；衣索比亞人認為淡黃色是哀悼時用；埃及人認為藍色、黃色象徵惡魔；比利時人最忌藍色，發生不幸時才穿用；土耳其人喜用樸素顏色，不愛花色；摩洛哥人忌白色，象徵貧窮；墨西哥則不用紫色，那是棺材色。

(五)握手

在法國太用力握手是沒禮貌；在俄羅斯握手前要先脫掉手套；英國絕不在房間門檻上伸手，會被認為惡運將至。

㈥名片

在遠東國家，交換名片時，要用雙手將有字的一面朝上遞出，絕不可以越過桌面分名片給人，這是很不禮貌。沒有先看一看名片，就直接放進口袋裡，表示瞧不起人。

㈦送禮

德國人不可送刀及剪刀，表示斷絕友誼；印尼人不可送烏龜圖樣的禮物；中國人不送鐘、手帕、傘或白色花、刀或剪刀；日本人不送梳子及刀剪；阿拉伯不送酒、香水、豬肉或豬皮製品、內衣、刀、玩具狗、裸體圖片；美國男性不隨便送女性香水、衣物和化粧品；法國人忌送香水等化粧品給女性，因為給人以過分親熱或圖謀不軌之嫌；英國人絕不將百合花當禮物送人；墨西哥人忌送手帕或刀剪；巴西人若有人送手帕，要當面交錢，表示是買來的；加拿大人忌送白色的百合花，因只有用在葬禮上；義大利人不可送手帕、絲織品和亞麻織品。

㈧數字

我們中國人的好運數字是 6 和 8，不幸數字是 4。日本人的吉數是 3、5 和 7，不吉數是 4 和 9。歐美認為 13 是不吉祥的數字，但 7 是吉祥的數字。

三、歐美商務禮節

㈠美國人，喜好旅行、活潑外向，他們欣賞獨立進取，不依賴他人的性格。講究實際，穿著隨便變化多樣，從牛仔服到禮服都有。飲食更講究便捷，喜好豐富的快餐，商務來往很講究禮節，日常交談不涉及私事。

㈡德國人，講究衣著服飾的整潔，遵守紀律，喜好喝啤酒，將啤酒視為「液體的麵包」。社交禮儀，嚴謹持重，坦誠大方，時間觀念強，熱情好客，待人誠實。

㈢法國人，領導著世界的時裝和食品的潮流，他們講究禮貌，尊重婦女。如要探親友、應邀約會，花是不可少的。商業談判表現出立場堅定但決策時間較慢，能用法語最好。

㈣英國人，一向注重服裝的得體和美觀，由此可判斷其社會地位。英國人喜愛喝紅茶和咖啡，考究留戀「紳士生活」的住房。對職業精益求精，商務交往重交情、信用。

　　以下是作者將美國、德國、法國及英國的商務禮節整理成表格作為比較：

表 16　美、德、法、英商務禮節表

項目＼國家	美　國	德　國	法　國	英　國
握　手	1.目視對方 2.勿一面握手，一面靠近對方（需保持手肘長的距離）	1.較用力，表示熱誠 2.注意職稱，重視身分地位	1.眼睛接觸較久 2.視線不可向橫、向下移動，容易被視為不誠懇 3.見面禮以擁抱多	1.目視對方表示尊敬 2.不以職稱叫人 3.唯 PROF.和 DR.除外
名　片	1.很少稱呼職稱 2.以個人能力判斷社會地位 3.唯 PROF.和 DR.除外	除非必要，不常使用名片	1.大型名片，又可當 Memo 用紙 2.隨時可折或丟去 3.重視職稱地位	行銷人員較常使用
服　裝	1.開放、粗野、自由 2.經常換商務裝 3.不喜歡髮油，但除口臭及香水卻常用	1.講究質料 2.重視高級配件 3.留意上衣及領帶	1.重視上衣、領帶 2.講究流行 3.愛講面子	1.重視領帶、上衣 2.講究儀表及言行一致

（續）

辦事過程	1. 交代事項必須說明清楚 2. 忽視過程，只重視結果	1. 要求徹底追究責任與認錯 2. 應清楚表達意見 3. 不隨便道歉	1. 不隨便道歉 2. 意見表達不清楚，要常再確認	重視報告交代事項過程
指示事項	1. 隨時筆記 2. 不公開責備 3. 冷靜評論 4. 不傷對方自尊心	1. 可公開指責 2. 一旦決定，負責到底 3. 不說「回去再請示」	1. 意志表示需要長時間 2. 公私不分明	1. 間接委婉 2. 目標意識強 3. 一旦離開辦公室，大家平等 4. 不公開責備

四、會議觀光

　　會議觀光就是以會議為目的所從事的活動，其所具備的條件，務必地理位置適中、交通便利、氣候良好、有設備完美之會議場所、高級的住宿、餐飲休閒等設施，提供參與會議人士各種觀光服務，順便到名勝古蹟遊覽，以及參觀考察、購物、娛樂等活動。

　　參加會議者的主要目的在於溝通意見，吸收新知識，聯誼交友。因此主辦單位應附帶安排表演節目，舉行酒會、宴會、舞會、旅遊觀光等各種社交活動，期使賓主盡歡，永難忘懷。

五、如何選擇會議場所

　　成功的會議必先具備環境良好的場所、完善的設備、充分的物資材料供應與周全的服務。因此，在決定場所之前，應根據下列各項資料加以評估。

㈠了解該場所建築年限和維護狀況。

㈡最近有無任何更新的程度及範圍。

㈢若作為開會場所，有無任何更新或增建計畫，將會進行以致影響開會的品質。

㈣索取閱讀場所平面圖，包括會議場所面積、容量、裝潢、設備及安全門等資料。

㈤服務人員的態度及人數。

㈥附近的商店性質及種類。

㈦是否有我們需要的材料供應商。

㈧是否有其他團體也訂在我們客房周圍。

㈨餐廳可容納的人數上限及步行即可到達的餐廳資料。

㈩靠近開會場所有無公共電話亭及簡便餐廳。

(十一)開會時，是否提供鉛筆、紙張、墊板等文具用品。

(十二)索取曾經在此舉辦相類似會議的參考資料。

(十三)計價方式、交通狀況、停車設備如何。

(十四)是否提供開會時須使用之最新科技器材與設備。

(十五)開會期間，附近是否有任何節慶活動。

(十六)是否有完善的緊急或災難預防措施及處理計畫。

六、會議資料之準備

為使在旅館內舉辦的會議「能順利進行」圓滿結束，主辦單位應事先提供旅館下列各項資料：

㈠最後確定的「客房分配名單」（Rooming List），並註明由誰來支付房租、稅金，以及個人帳單如何支付。

㈡詳列哪些項目應記入「總帳」（Master Account），以便與個人消費帳分別清楚。

㈢貴賓名單，應註明到達及離館時間、日期以及住宿天數。

㈣旅館所提供的免費房間，由哪些人住宿？

㈤能在總帳單簽字者的授權名單。

(六)需要旅館提供何種安全措施服務。

(七)臨時登記檯使用時間。

(八)參加會議人員到達、離館時間、日期以及住宿天數。

(九)會議期間，每餐用餐時間及餐桌擺布型式。

(十)誰負責每日帳單之審核與簽署。

(十一)需要提供何種會議中使用的各種設備用具。

(十二)如何懸掛會議名稱之旗幟、標誌及布條。

(十三)空運或船運物資之裝船文件及驗收資料。

(十四)需要停車證及代客停車服務等資料。

(十五)需要利用套房舉辦酒會時，應證明時間及主辦單位及準備事項。

(十六)其他需要旅館協辦事項。

七、開會訂餐須知

了解開會時訂定餐飲服務的基準與用語，才能控制預算，不至於發生無謂的浪費。

(一)通常一加侖可沖泡二十杯咖啡，可訂購 70%的普通咖啡與 30%的無咖啡鹼的咖啡。

(二)早上開會時，可訂定約 65%的熱飲料與 35%的冷飲料。

(三)餐廳服務員，每人可服務二十至二十五個客人。

(四)下午開會時，可訂定約 35%的熱飲料與 65%的冷飲料。

(五)一個酒吧服務員，可服務七十五至一百個客人。

(六)所謂「Host Bar」是由主辦者付款的酒吧，所以參加開會的人士，可不必付款即可飲用。

(七)「Cash Bar」則必須由與會者自己付款才能享用飲料。

(八) On Consumption：就是按實際消費量計價付款。

(九) À La Carte：個人按菜單單點餐食。

(十) Guaranteed：消費者與餐廳訂約同意按照最後保證參加人數，或實

際服務參加人數的多少，就以上二項，擇任何實際參加人數較多的
那一項，計價付款。

㈢ BEO：「宴會訂單」，Banquet Event Order 之簡寫，是由飯店宴會
部門發給有關單位的會議工作分配單，其中包括：會議主辦單位，
連絡人、宴會名稱、時間、地點、人數、食譜、付款方式及對會議
服務人員及有關部門的工作要求事項等都要有詳細紀錄。

八、會議團體選擇會議設備影響重要因素百分比表

表 17　會議團體選擇會議設備影響重要因素百分比表

重要因素	定期大會認定	公司會議認定	協會會議認定
旅館設備價格	75%	73%	75%
會議廳總數大小品質	87%	72%	62%
餐食品質	76%	71%	66%
餐飲房租可以議價者	83%	66%	72%
會計作業效率	59%	56%	52%
客房數目大小及品質	72%	55%	41%
會議支援服務及器材	55%	53%	44%

九、旅館接待會議業務的分類表

表 18　旅館接待會議業務的分類表

旅館類別	主要服務
市中心旅館	大都是全套服務旅館，除客房外尚有餐廳、咖啡廳、酒吧、夜總會、洗衣房、商務中心、電子商務設備、客房餐飲服務。價格較高，多數能達到最高平均房價水準。
郊外旅館	規模較都市旅館略小，房數約五十至五百間，提供有限宴會服務，主要客源為會議及商務旅客。如扶輪社、同濟社的例會，也提供了婚禮的場所。其旅館設備與都市旅館相同，會議的設施亦大同小異。
休閒旅館	一般休閒旅館於淡季時銷售對象為旅遊批發商及會議旅客，有會議的

（續）

	設備兼休閒活動，如精緻的晚宴、週末晚間的舞會、拉斯維加斯的歌舞表演及博奕遊樂。成功的休閒旅館可達到高住房率及最高房價水準。
公路旅館	今日的公路旅館提供與都市、郊外旅館同樣的設備，又有它們獨特的優點，當然也提供會議設施與場所。 汽車旅館則是有限服務的旅館，大都設在公路旁餐廳附近，但其亦提供會議服務，這是近代汽車旅館的變革。
機場旅館	主要應付緊急狀況或飛機停飛的旅客。現在的機場旅館亦提供了旅客住宿一夜以上者及會議的設施也漸被企業界所接受。

資料來源：詹益政、黃清澄，《餐旅業經營管理》。

十、留學生應注意事項

留學是求學中的另一個轉捩點，也是人生過程中，新階段的開始。面對未來的新挑戰，你應該要盡早蒐集各種資訊及請教各方，作好周詳的準備與完整的規劃，才能應付嶄新的環境，處變不驚。

你要前往的國家，可能由於文化傳統的差異，生活飲食習慣、民情風俗、社會結構、思想觀念、政治制度、治學態度等等都跟我們國家有很大的不同，所以你必須要自我調適，開始學習如何克服這些文化衝擊而去適應這個環境。

首先，你必須具備良好的外語溝通能力和國際觀的基本學識，才能深入了解當地歷史文化、風俗習慣，並遵守社交禮節、設法參與各種聯誼活動，以加強人際關係並促進國際友誼。

尤其更要認識西方國家富有公德心及守法之精神，他們對弱勢族群極為尊重和關心，也特別重視保護動物，維護環境生態和衛生，更注重隱私權及個人專業的技能和學識，只要你具有任何專業領域的才華，必會受到重視與尊敬。

當然，要適應這些新環境所發生的種種問題，需要一段自我調整的時間，希望你能用智力、耐力和毅力盡一切努力去解決，必能克服

一切困難，終能享受苦盡甘來，充滿希望和信心的留學生活。

十一、國際留學生安全須知

為預防犯罪行為的發生，溫哥華警察局警訊服務中心，提醒國際留學生特別要注意下列事項：

(一)預防偷竊行為

溫哥華居住安全的城市，嚴重的犯罪行為並不常見，而且發生在居民和學生身上的機率，可說是少之又少。但是，偷竊、扒手和較小的罪案則會發生，正如其他大城市一樣，最普遍的犯罪行為是偷竊，所以不要把信用卡副卡給人。如果你要租用公寓，要直接與房東成交，並直接支付損壞訂金給他。如果要從另一學生或屋伴租用就得小心，用支票支付租金並取收據。不要用現金。

(二)陌生人及流浪漢

在街上向你伸手要錢的那些人被稱為「乞丐」，他們當中有很多人是毒品癮君子或酒精依賴者，如果你給他們錢，你就是在鼓勵他們對毒品和酒精的依賴。

在社區內，有許多機構能為他們提供免費的食宿及諮詢服務。如果你想幫助窮人，請捐給慈善機構。請忽視那些街頭乞丐。如果他們一直騷擾你，你可以與當地的社區警局聯絡。

(三)男女關係

1. 只雇用由你的學校所授權的家庭教師，如果經由廣告或由圖書館所接洽的教師就要小心。
2. 注意有不合格的自認是教師或會話伴侶的，有些教師是在尋找不正當的關係，不要預付學費給那些教師。

3. 在加拿大，侵犯他人是違法的，丈夫不能打妻子，男友不能打女友，室友不能打你。

4. 性侵犯或強姦是指：當有人強迫你或迫使你發生性關係或帶性意味地撫摸你而你並不想被撫摸。當我們提到性侵犯時，大多數人會想到一個陌生人在黑暗的街巷內襲擊他人。其實，大多數的性侵犯者是我們所認識的人。（約會的人、朋友、室友或家庭教師等等）。

5. 你可能會感到尷尬或害羞，但是強姦不是你的錯，應立即進行醫治，並向警局或專業顧問報告。記住，「不」就是「不」。

6. 如果你想結束友誼關係，請明確地告訴對方，不想再見到他或她。如果對方仍不斷繼續騷擾你，應告訴老師或朋友。

7. 如果有人騷擾你，喝令他們停止。如：「走開（Go Away）」或「不要煩我（Stop Bothering Me）」。不要考慮這樣會傷害他們的情感，或認為自己待人不和睦。如果你不明確表態，他們可能就不會停止。如果對方仍不斷繼續騷擾，應即向附近的人求助。

8. 學會提前阻止自己所不期望的性行為或讓你不舒服的行為。你有權說「不」，不管如何，要直接果斷。讓和你約會的人明確知道你的限制範圍。

9. 如果你對和你約會的人不太了解，一定要留在周圍有人群的公共場所。告訴你的家人或朋友你的去處。做好自己回家的準備，帶足夠的錢，以便能租車或公車，或讓友人接你。

(四)騙術與欺詐

如果在街上，有人走近你，向你要借錢的話，不要給他。因為有人會利用你的信任而圖利。永遠不要用現金換支票，買東西時，一定要索取收據並要確認所支付金額，確定要快速地收回你的信用卡。除非確實要買東西，絕不要把信用卡的資料給別人。

最後要注意的是如果被打劫，不要爭論或打架（如果被攻擊則還

擊保護自己，應試圖停止及離開攻擊者，盡快逃生。），立刻打電話
九一一報警。

國外實用禮儀篇

一、行的禮節

在華人社會裡，常會看到一個男人走在前面，而女人卻跟在後面穿著高跟鞋、一搖一擺走的景象，令人不禁驚歎所謂「禮儀之邦」的大丈夫竟然如此對待女士。

禮貌上，男女兩人在公開場所同行，宜遵守「尊右」和「在後方半步」的原則，就是女士或長輩走在右邊或走在男士前方半步，以便萬一有所危險時，男士可以扶助。英文中所謂 right is always right，就是右方總是正確的。

不過尊右原則也有例外。據說白宮的總統，自甘迺迪至今歷代的主人都是左撇的，所以只有在白宮「尊左」才是接待貴賓的規則。另一例外是如果右前方的人是引導者或餐廳的領檯員，那麼走在左後方的就成了主賓的地位了，按照國際慣例，當主人前去外賓下榻的旅館拜訪時，外賓卻成了主人。

若在馬路上行走，女士應走在馬路內惻，男士在外側，以便保護女士安全。

一男二女同行時，男士不可在二女中間自以為左擁右抱、得意忘形，應二女士都在右側一視同仁。但如果是一女二男，那麼女士應在中間，由二男保護。身為女性多麼榮幸。

上電扶梯時，男士應站在女士後方下一層，而下扶梯時則相反，以便保護。不過如果女士穿迷你裙時，就要看男士如何表現得體而不讓女士感到不自在了。

經過旋轉門時，應讓女士先行，男士在後面推門。

平常男士走路要步履穩健，而女士則應步伐輕盈，不可拖著腳走路，也不要突然停上，以妨礙到後面的行人。如無意中碰到路人，應說聲「對不起」，如有急事趕路超越前面行人，也應說「對不起」。看到老人、婦人帶小孩或搬運行李或輪椅車時，應即時讓路，以示禮貌。

千萬不要幾個人並排一列走在路中央,堵住別人去路。最不雅觀的是邊走邊吐痰,或含著牙籤在口中上下搖動,大搖大擺走路。

常看到加入按著打開的門讓後面的人先通過,雖是小動作,但充滿溫馨的人情味,值得讚賞。

二、妙用手勢　表情意

在國外旅行遇到語言無法溝通時可能就得藉用手勢來溝通。所以見面時跟對方握手表明手中並無武器,彼此可以信賴作朋友就是這個道理。

微笑雖是最好的世界語言,可是東方女人常用手遮住嘴巴微笑,讓西方人認為是對他們的一種譏笑,是很不禮貌的,或被誤為口臭或牙齒有毛病,確實很不雅觀。甚至於邊笑邊扭動身體,以示嬌柔或難為情的樣子。

大家最熟悉的將食指和拇指相觸作成圓圈,一點不值錢,日本人變成偷看的記號。更有意思的是德國人竟指的是同性戀呢!可見同一個手勢在不同國家,竟然有如此天壤之別,不可不慎。

曾有一位德國人在日本要進入餐廳,服務員問有幾位時,他撓起大姆指,服務員以為是 6 位,就找一大張的桌位,其實只有 1 個人。因為同樣手勢,德國代表 1 個人,日本卻表示 6 個人。華人和美國人表示了不起或頂呱呱的意思。到中東去時,可真要小心,千萬不要隨便撓起大拇指,否則真會惹麻煩和反感,因為那是罵人笨蛋。在電影裡,常看到羅馬武士在競技場上比武,而觀眾邊喊邊將大拇指向下,就是除掉他。

日本少女們照相時定會裝出「V」字形,狀至可愛,可是如將掌心朝內,那是除掉他,可要小心。在電視上,美國總統布希和日本首相麻生見面並坐時,布希大大方方地翹起腳是權勢的展現,而麻生卻坐姿端正,表示誠懇和謙虛。下過在長輩前,最好不要翹起腳才是禮

貌。尤其女性穿著短裙作這樣姿勢常被認為在誇示性感或另有企圖，總之若能妙用手勢，確能增進友誼，反之則惹來反感和災禍。

三、公共場所　重視公德心

公共場所的行為最能展現個人的修養和氣質，所以平時就要養成遵守公共道德的習慣，才能贏得大家的肯定和尊敬。在日常生活中，東方人對公與私的界限較為模糊，而西方人則公私分明，並富有公德心，也特別重視環境衛生。因此在公共場所和私人住所的行為，區別得很清楚。

有一次在購物中心休憩區之沙發上，看到老年人脫掉鞋子，就躺下呼呼大睡。不知是誰去通知了急救中心，救護員即刻趕來，準備把老人家抬走時，他卻突然醒過來，哈哈大笑，令當場觀眾哭笑不得。

公車上，很明顯的寫著：不要以為你是唯一在車上乘車的人。卻仍然有年輕人，視若無睹地，把雙腳跨在對面座位，雙手拿著食物和飲料，大吃大喝，毫不在意。更有女孩子竟然在眾目睽睽之下，像在家裡，梳起頭髮來，頭皮屑滿天飛揚，或修著指甲或擦口紅，毫不在乎。

西洋人認為女人在公眾面前，要引起男人注意的法寶，就是哭泣和擦口紅。在餐廳，公共場所也不宜當眾掏耳、剔牙、挖鼻孔，或搔頭皮等不雅舉動。年輕人也應避免在長輩前嚼口香糖，用後更不要隨地亂丟。

前些日子，我在電梯內遇到一位儀態端莊的女士，卻散發出嗆鼻的香水味，真是令人無法忍受，只好提前走出電梯。

即使在香水之都的巴黎，有些公司也禁止使用香氣太濃烈的香水，甚至餐館也不歡迎，深怕二手香影響美食佳肴的原味。此外，醫院根本就禁用香水。其實香水的妙用在點到為止。西方女士很擅長以香水表現個人的風格，這點值得大家學習。

其他的例子還有在戲院內，如果要經過人前，切勿將自己的臀部對著別人正面。那是很不禮貌的。在圖書館，不要為別人預先佔位，更不可高聲談話，走路時，腳步要輕聲。

在公共場所、更不可袒胸露股，招來白眼。不要隨手扔丟垃圾，隨便吐痰。不得不打噴嚏或咳嗽時，應轉過頭，用手帕蓋著口鼻並輕輕說聲「對不超」。遇到尊者、老弱、病殘、孕婦，應予讓座。有人幫助你，應予道謝。記住謝謝是一句最美麗的語言，應多多利用。

在戲院看表演、電影、聽演講或開會時，不要開手機。如表演精彩應予鼓掌。但在餐館，就不可用鼓掌叫服務生，以免破壞用餐氣氛。

總之，尊重各國文化風俗，並遵守公共道德，是國際人應有的禮儀素養。

四、享用自助餐　展現優雅風采

一般人以為享用自助餐是最簡便、輕鬆，不但可以任吃任取，而且繽紛美食，就在當前，真是物超所值，因此很受青睞。殊不知既為自助，就要靠自己挑選菜色、坐位，還要自律遵守禮節和服務方法，更要自制飲食份量，最後還得扮演顧客兼服務員的雙重角色。既然「自助」（意為 self service），所以至少要有一些服務技巧和餐飲基本常識，才能駕輕就熟，品味佳肴，樂在其中。

自助餐盤子的拿法

曾經看過有些顧客右手端著盛菜如山高的盤子，左手拿著裝滿如海深的湯碗，提心吊膽地，像走在平衡木上，邊走邊滴落著湯汁在地上的驚險景象，令人目瞪口呆。其實，只要按一般菜單順序、第一次

先取用前菜或沙拉或湯，再次是主菜，即熱食如魚肉類，先選用白色淡味的，再取紅色濃味的，也就是先取用魚類或雞肉類，然後是牛肉，最後才是水果或點心、咖啡等。

當然可以按個人喜好，只取用其中一二種，不過順序不可顛倒，每一趟只取用需要的分量，想再吃再去，這樣分成數次，就不會太多而浪費。原則上，冷食就用冷盤，熟食就用熱盤裝盛，而且不同醬料的菜肴，也宜換用新盤，才不致於同一盤內五味雜陳，影響原本的風味。最好餐桌離餐台遠一點，才有走路消化休息的空閒。

要緊的是在取菜時，不可將 A 菜專用夾，用作夾 B 菜，使兩種不同菜肴，互相串味而失去原味。最沒有禮貌的是在餐臺取菜時，當場試食，或選菜時，翻來覆去，猶豫不決，或一邊說話，一邊取菜，或抓摸頭髮或咳嗽等不雅舉止，影響衛生。若夾取時食物掉落，請將食餐巾，蓋在污穢的地毯上，以免別人去踩踏，同時隨即通知服務員來處理。

用餐時宜保持正確姿勢，舉止文雅，不左顧右盼，大喊大叫，餐具小心輕放，餐巾一定要鋪放在腿上，不要別在領口上或扣在皮帶上。不過有些高檔餐廳，特別備有扣眼的餐巾，僅在享用甲殼類海鮮時，扣在衣襟上。

絕不可用刀切麵包，應用手撕。並要等第一道菜或湯上來，才可以吃。更要注意的是，在未嚐任何菜肴前，不要隨手加鹽或胡椒，這樣表示你對廚師的手藝不加信任。最後，不要在餐桌上化粧或補粧，因為容易被誤解在賣弄風情。如能作到這些細節，相信必能盡情享用美食。

五、優雅品味壽司

美食家常說：美國人是用頭腦用餐，德國人是用嘴巴，而法國人卻用心品味，中國人是用舌頭享用美食，日本人則是用眼睛，一面欣賞小巧玲瓏的食器，一面品嚐精緻佳肴。

　　日本料理有三寶，指的是壽司、生魚片和味噌湯，亦即英文的「3S」：Sushi，Sashimi 和 Soup。只要懂的如何巧妙地將三寶吃得禮貌周到，風度優雅，就稱得上為美食家。

　　一般人吃生魚片，總是將芥末和醬油，不分黑白，攪混在一起，弄得面目全非。正確的吃法應先把芥末直接塗抹在生魚片中央，再沾一點醬油；或在醬油碟邊，預先放一撮芥末，先將生魚片沾一下芥末後，讓生魚片順著醬油碟滑溜下去，並沾一點點醬油即可，這樣才能保住生魚片原有的獨特風味。而且應先品味較淡味的或顏色較白的，而把較肥、較紅的，留在後頭享用。

　　當然可以把醬油碟用手托在胸前，以免醬油滴落在桌上。日本人說流著眼淚用餐，表示不吉利。更要注意的是不可把生魚片切成三片，因其發音成 MIGIRE 正同「切身」，意即要用刀刺身體，是很失禮的行為。

　　品味壽司有二種方法。如在吧檯享用，可直接用手，即先用右手的拇指、食指和中指，輕輕地拿住壽司，飯粒朝上，向左稍微傾斜，再沾些醬油，只沾魚肉部分。享用時，飯粒朝上，並一口就吃下，不可分成二次吃，才是禮貌。不過在餐桌上或飯盒中享用時，就得用筷子了。

壽司吃法

吃壽司在沾醬油時，只沾魚肉部分，不沾到飯粒。

生魚片吃法

吃生魚片，應先吃淡白的肉再吃較重味的紅肉。

不要把芥末溶在醬油內。應先將生魚片沾上芥末，再沾醬油。

喝味噌湯是先用左手扶在碗的邊緣，再用右手慢慢地掀開蓋子，先讓碗蓋上的湯汁流進碗內，再把蓋子朝上放於桌上右邊，然後用雙手端起碗，先啜一二口，品嚐真香味，再放回桌上。接著就可以拿起碗和筷子，交互著享用菜肴和湯汁。絕不可一下子把全部的湯喝得一乾二淨，再去吃剩下的菜肴。

喝湯時，筷子尖端應朝內，不可朝外對著別人，更不可用筷子在碗中，左右上下亂攪湯汁，弄得一塌糊塗。服務生如果送上濕紙巾或毛巾，裝在塑膠袋內，應用手輕輕撕破，千萬不可用雙手猛拍發出驚人噪音，破壞大家用餐氣氛。

六、醉翁之意就在酒──如何品酒

中國的文人常以酒激發靈感，對酒當歌，寫詩文。一般人也常借酒消愁或借酒助興，但卻很少注重酒本身，認為喝酒在於味外之味，也就是醉翁之意不在酒，在乎山水之間。但在西方人眼中酒是一種藝術品，具有魅力和生命，尤其是葡萄酒。所以對他們來說，醉翁之意就在酒，即在酒的味內之味，所以如果美酒當前，卻不懂如何品嚐和欣賞，不但辜負了美酒，更有失風雅之意。

如何品酒？

在餐廳點了酒後，在未開瓶前，服務員會先請主人試酒。其步驟如下：1.先看標籤上的品牌是否正確。2.開瓶後，再看瓶塞上燒印的酒名。3.服務員倒一些酒在杯中、主人將酒杯傾斜對著燈光，注視其色澤。紅酒是澈亮的寶石紅或暗色；白酒是琥白色；玫瑰酒則淡玫瑰紅色。4.慢慢拿起酒杯，像畫著圓圈般地輕輕搖晃著，讓香氣緩緩釋放出來，再深呼吸一下，就可聞到溢出的香味。5.啜一小口含在嘴中，讓它在舌頭各部滑轉，用舌尖辨甜度，舌側辨酸度，舌根辨溫度，再用舌後辨後韻，看著甜酸是否平均。最後，慢慢嚥下去，讓酒

通過喉嚨，以便判斷濃淡度，再由鼻孔輕輕的把氣吐出來，這樣酒的芳香自然會擴散在鼻腔中。

總之，品酒的祕訣是先用眼睛欣賞色彩，接著用鼻子聞著香味，再喝一口試味道。即所謂色、香、味俱全，就是品酒的奧妙。

斟酒的禮節

斟葡萄酒，以不超過杯身三分之二為宜。紅葡萄酒尚未喝完，也可以再添加，但白葡萄因是喝冰的，所以要全部喝完後才可以再加酒。有人給你斟酒時，酒杯放在桌上就好，不必拿起來。如果不想喝，只要用手略遮杯口即可，不可將杯子覆蓋在桌上。這是很不禮貌的。

香檳酒是酒王之酒。在最講究的宴會上，可以從頭到尾，只供應香檳，即在餐前酒飲用很澀的（BRUT）香檳，席間酒飲用澀的（SEC），而餐後酒，可在食用點心時，用甜味的（DOUX）香檳。

喝香檳酒應一邊欣賞湧起的泡沫，一邊將酒杯稍予傾斜，使酒貼靠唇邊停一下，先聞撲鼻而來的香味後，啜一小口含在舌尖上，再喝下去。

七、說英語，也要講「禮」

一個人給人們留下的第一個印象是他的儀表，再來就是說話的方法，因為說話不但是一種藝術，也表現一個人的修養和氣質，尤其用英文表達時，更要小心，否則容易引起誤會或鬧出笑話。

如果有洋人來家訪問時，你請他坐，就照中文直譯：Please sit down，是不太有禮貌的，因為這好像老師要學生坐下，是有點強迫的意味，所以應說 Please have a seat。請人喝湯，除非是用杯裝的、否則，英文不說喝湯而是吃湯，所以不說：Pleas drink the soup，應說：Please have the soup。我吃飽了是 I have had enough 或 I am full，不能

說成 I have had enough of it，這樣變成：我已經吃得夠膩了。假如說我不喜歡夏天：I don't like summer 就可，如 I do not like summer 語氣較重，表示真討厭它。

問人時間是 Do you have the time？不可說 Do you have time？因為這是應召女郎在街頭拉客人時，意為有時間來玩嗎？千萬要小心。找洗手間，不說 Where is the toilet？要說 Where is the rest room？（美國人）或 Where is the wash room？（加拿大人）女人用 powder room 較高雅一些。

有人稱讚你烹飪的美食，因要表示客氣，就說：No, the food is really very bad，千萬別說 No，只要說 Thank you 就可。有次老外稱讚中國友人太太很美時，先生原想客氣地表示：那裡那裡，結果翻成 Where？Where？老外覺得很尷尬，只好說從頭到腳，都很美。訪客要告辭時應說 I have to be going 或 I'd better be going，如說 I have to go，意即急著要去方便。

為了表示男女平等，不說 Everyone must sign his name 只顧及男生，應說 Everyone must sign his or her name。有些用詞，男人和女人說法要分別。如 You have a lovely garden 或 wonderful garden，是女人用 loyely 或 wonderful，但男的就用 nice 或 beautiful，否則，常用這些女人用詞是有點娘娘腔的。

談到職業時更要小心。如她是公司上班女性，不可說 She is a business girl（妓女），應說 She is a business woman，即女實業家之意。我們也不該說 She is an office girl，那是辦公室女工，應該說 She works in an office。日人創造了日式英文叫 office lady，簡稱 O.L.，現在卻成了流行。但大多數人會直接說他在那個產業工作，例如：She works in banking business。

絕對要忌諱的 four-letter words（由四個字併成），等於我們的三字經，如：shit, piss, cunt, fuck, tits, cock sucker, mother fucker。這七個單字媒體是禁止使用的。日常會話最好不用下列文句：Are you married？Are you engaged？Do you have children？What is your religion？How old are you？Did you graduate from college？因這些都是私人的隱密。總之，言語不但代表個人的教養，更是決定我們每天生活的禍福悲歡，應要多加慎重。

八、在加言商，有備無患

加拿大是一個多族裔、多元化，且具有顯著國際化和跨文化的國家，也是很重視寬容、平等、愛好和平的民族。想要在加國做生意，應先了解他們的文化風俗習慣及商務禮節，才能順利如意，尤其許多生意往往在餐桌上談成，所以更要特別注意餐桌禮儀。

加人性格開朗謙虛，待人親切有禮，處事保守不誇大其詞，自由觀念很強，重視實惠。平時穿衣較隨便，休閒運動裝或牛仔褲甚普遍。他們比較講究生活起居，注重環境整潔。但上班、商談或參加慶典宴會時，穿著打扮就很正式。

平常與人談話，距離約一公尺，注視對方眼睛，表示尊敬，不打斷人家說話，也不隨便碰觸對方身體。不過，法裔加人，距離較近，且在會話時，容易接觸對方身體。握手要簡短有力。對女士要等她先伸手，男士才可握手。有時擁抱後，輕拍背部。不詢問私事，如住址、年齡、婚姻、宗教信仰、政治、薪水或購物價格等。

與英裔談生意，達成協議時間較長，必須要有耐性，但一旦決議，就很穩定，不易改變。

法裔加人就正好相反。平時對人和藹親切，但正式開始商談，判若兩人。講話慢吞吞的，要得到最後承諾，費時又費勁。即使簽了協議，仍會一再改變，所以要處處留意謹慎。因此，最好都用書面寫明（英、法文兼具）。當然能說法語最好。

Business Meal 很普遍，利用餐館或俱樂部較多。除西海岸有些在家宴請 BBQ 外，很少在家請客。如果應邀去家做客，送花、餅乾或

酒最好。但不可送白色的百合花，因只有在葬禮上才用，注意廚房是屬私人空間，不可隨便進去。

　　一般在公司送禮，價錢不能太貴，送自己國家的土產品或民藝品最好。剛到或要離開的時機，都可以向對方送禮。

　　注意手勢，指示方向、可用食指，但不能用來指人。加人平時坐姿較隨便，經常蹺起腳或雙腳伸直放在椅子或桌上，但談生意就會保持良好姿勢。

　　當然，語言障礙是言商最大鴻溝，必須加以克服。Canadian English 與 English 有些不同，例如英文的 electricity，加入用（hydro），sneakers（running shoes），toilet room（washroom），faucet（tap），can（tin），check（bill），tomato sauce（ketchup），etc。又如英文：Can you eat all that？加人會幽默地說： Can you get outside of all that？

　　總之，學習對方商務禮儀，不但表示尊敬，也是雙方發展商業關係成功的關健。

九、西餐禮節

　　美食佳餚，必須配上談笑風生，才能相得益彰。學習西餐禮節，不但要培養舉止大方，輕鬆用餐，更要藉機談笑風生，敦睦友誼，以達成完美的社交。

　　西餐禮儀，應從訂位開始。在預約時，可別忘記詢問是否有服裝規定（Dress code）。當日到達餐廳時，應由接待員引導，不要東張西望，自行尋找坐位。男士要為女士拉開椅子，讓女士由椅子左邊入座。

　　坐時，應挺胸坐直，盡量輕鬆，胸部離桌約二個拳頭。西洋人教導小孩時，常言：Elbows never forearms sometimes, wrists always。意為絕不將雙肘放在桌上，前腕可以有時候為之，而手腕則可經常放。

最好不要翹著二郎腿。

小提包可放在自己腿上，或右側腳邊。召喚服務員，切忌拍手出聲或彈指頭或大聲呼叫，甚至於吹口哨。只要用眼神示意，輕輕把手抬高，並說「exouse me」就可以了。

餐巾（napkin）不要誤為圍巾（apron），小的將其全開，大的可摺成一半，開口向前。千萬不要掛在脖子上，或夾在褲頭上。有時餐巾中包著一塊小麵包，就把它拿出放在左邊小碟上。

用餐中途若要離座時，將餐巾放在椅上，女士避免在餐巾沾上口紅，也不要將餐巾掛在椅背上。餐畢，只須自然地將餐巾放在桌上左邊，切忌折疊的很整齊。如果擺的太整齊，表示菜餚不夠美味，才有閒暇的時間疊餐巾。

吃水果後，用送來的洗手盂（不要把它當成飲料喝），洗後輕輕擦指頭。必要時，用餐巾角邊擦嘴邊。

餐具排法有歐洲式和美國式。前者叉尖向下，後者向上。刀在右邊，叉在左邊。用餐時，只須由外往內取用即可。食物由左邊開始切，切一片吃一片。不可全部切成小片後再吃。如果牛排這樣切，肉汁馬上乾掉，好像在吃牛肉乾一樣。

英國人用左手拿叉子，叉尖朝下，把肉叉起吃，美國人切肉後，把刀子放下，換用右手拿叉子，叉尖朝上，鏟起食物吃。稱為Zig-zag eating。

刀叉一旦使用過，絕不可放在桌上。

十、輕鬆用餐　舉止大方

記得著名電影《鐵達尼號》中男主角看到桌面擺那麼多刀叉，一時不知如何取用，旁邊的人暗示他，只要由外往內拿就可以。還有《麻雀變鳳凰》中，酒店總經理教女主角，刀和湯匙在右邊，叉子在左邊，大的刀叉用於肉食，中型的用於菜食，而小的用在甜點。可見

要成為紳士與淑女之前，男女都必修用餐禮儀的課程。

　　正餐通常從湯開始，是由你的左邊上菜（吃的），而由你的右邊上飲料（喝的）。因為西餐不叫 drink the soup（喝湯），而是用 eat the soup（吃湯），故由左邊上湯，圓型湯匙用於清湯，蛋型的用於濃湯。麵包不可用刀切，應用手將麵包撕成一口大小，再沾點牛油或果醬，須一口吃完。

| 用盤喝湯 | 同用碗喝湯 | 牛排吃法 |

用盤子喝湯，英國式由內向外舀，但法國式可由外向內

如果是帶把的湯碗，可用雙手拿起，直接以碗就口。

吃牛排應由左邊一口一口切著吃才能吃到美味。如先將所有肉都切成塊狀時，等要吃時，肉汁已乾乾的，就像在吃牛肉乾了。

　　食物最忌發出聲音，如喝湯、咂嘴或打嗝的聲音。要咳嗽，就用餐巾遮掩著嘴。並說「excuse me」。餐桌上不可用牙籤，而手機一定要關起來。

　　本來只用叉子吃沙拉，右手拿叉，叉尖朝上；如同時附有餅乾或麵包，你可用左手拿一小塊餅乾或麵包，去幫著把沙拉推上叉子再

吃。不要把手越過你的鄰座去取調味料，應請人遞給你。

如果是服務員，由你左邊端菜上來，要你自取，你就由右手去取菜。吃肉時，不可用叉子叉起整塊吃，先用刀子由左邊切成嘴巴大小，再用叉子叉住吃；若要吃蠣蠔時，先用左手捏著蠣殼，右手用蠔叉取出肉，蘸些調味料再用蠔叉子吃。

英國人說帶有 R 字母的月分，即由 10 月中旬到 3 月半的肉，最富有風味好吃。整條的魚應沿著它的側線切開，將肉從魚骨上剔下即可食用。吃完一面，將魚背骨取出，放到盤子上邊後，再吃另一面。絕不可翻身。嘴裏有刺，就悄悄地，不要引人注意，先用餐巾掩住，再用手指將它取出，放在盤子邊沿上。

芹菜、橄欖、小蘿蔔、新鮮水果、糖果、乾果、炸薯片、朝鮮薊和麵包，都可用手指拿著吃，但其他食物就不可用手吃。如果刀叉掉到地上，就喚服務生處理並更換新的餐具，用過的餐盤不要自己去移開。小費可放在餐巾下面或壓在盤子底下，不要直接交給服務員。

正如洋人常言，要享受一餐難忘的美食應具備：*1.* good company，*2.* good conversation，*3.* good cooking，*4.* good conduct of table manners，確實有其道理在。

希望你以後去參加《第凡內早餐》或前往《大酒店》用餐，甚至於《誰來晚餐》你都能應付自如，輕鬆用餐。

十一、儀表就是履歷表

面試是所有求職過程中最重要的步驟，亦為你對雇主推銷自己的成敗關鍵，你的問題、答案、儀表、禮儀都直接影響你的面試成果。主考官首先透過儀表來認識你。因此，儀表比履歷表的作用，更能直接產生效果。服裝是儀表的外套，它代表你的地位、身份、人格、眼光和成就，文化素養高的人，他的穿著是端正高雅，整潔大方。

面試之前先打聽公司有無服裝規定，如能穿著他們的制服顏色最

好。因為各行業都有它們的代表性顏色，例如法律、銀行界，用藍色和灰色代表誠實可靠；服務業及推銷員選擇紫色和淺綠，代表關懷、輕鬆和活潑，而公關、廣告和企劃界，喜歡用黑色和紅色，表示創意、熱情和活力；餐旅業則使用藍、白，表示清潔衛生和誠摯。

面試時的服裝應注意：1.整潔得體、端莊高雅。2.不要穿太高檔或全身名牌的衣服。3.不可穿太花俏或性感的衣飾。4.不穿露出腳趾的鞋。5.頭髮要保持乾淨、清爽、整齊。6.淡妝且避免使用過濃的香水。面試前去趟洗手間，檢查衣扣、拉鍊、牙齒、臉、頭髮、雙手、衣服等。7.不要吃口香糖，不用牙籤。8.不要有菸味留在衣服。

至少準備五個有關公司的問題，講教主考官，例如：1.公司將來有什麼發展計畫。2.本身職位有無發展前途。3.公司有道德基準否。4.有無作業手冊。5.有無服裝規定。6.有無職責明細表等。

另外要注意：1.不要問如何去公司。2.可討論薪資，但不強求。3.絕不要講過去公司、主管或同事的壞話。4.不要主動要求福利、額外津貼或頭銜。5.不詢問是否有經常出差或周末加班等。

專家對華人建議是多了解公司文化、人際關係，並能清楚描述原本的工作環境和性質，以證明專業技能並強調能替新公司做什麼。

面試一定要守時，對考官要以禮相待，以便留下好印象。進入房間前應先敲門，不要匆匆推門進去，應面帶笑容，態度真誠，以眼神致意，要等考官伸手再行握手，不要自行坐下，應等考官邀請才入座。

總之，面試前要有仔細的準備，充分的計畫，除調查公司背景外，你應預期公司會問你的經驗、資格、生涯目標、興趣以及為何申請這份工作等。他們認為事前作好準備的人，進入公司後，較能有良好的表現。企業選才首要考量的是，主動積極的作事態度、有豐富的創造力、學習力強、可塑性高、肯耐勞吃苦、有責任感、能遵守紀律，而且人際關係良好的人才。

十二、*STOP*！讓你穿出魅力

常言：佛要金裝，人要服裝。英文有句話：Who you are 要看 How you wear，或謂 Dress to impress and express。可見服裝是心靈的外套、人格的代表，也是表現一個人的文化氣質，是給人留下很難忘的首要印象。

那麼應如何穿衣，才能舒服、美觀、大方得體，進而穿出魅力呢？最好根據 S.T.O.P.原則，再配合當地的禁忌，才不致失態而鬧出笑話。就是說，要穿衣以前，先「停下來」，想一想，是否符合 Status（自己的身分、身材）、Time（季節、時間）、Occasion（場面、場合）和 Place（地方、地點）。

此外，記住幾個禁忌如工作場所，應遵守四不原則：*1.* 不穿太短；*2.* 不穿太暴露；*3.* 不穿太花俏；*4.* 不穿太緊束。而在公共場所，為顧慮到安全，避免引來暴行，加拿大旅遊局也曾勸告女性在街上走路時，要注意「四不原則」：*1.* 不露背；*2.* 不露胸；*3.* 不露屁股；*4.* 不露肚皮。

曾經有一位女士穿著迷你裙去機場，被航空公司拒絕搭乘。又在溫市曾看過公車司機，因看見後面有位小姐，胸部暴露得太過分，便請她下車。更在五星級餐廳，見到經理婉拒男生穿 T 恤、短褲和涼鞋進去用餐。通常酒店的高級餐廳是不准穿：*1.* 牛仔褲、*2.* 迷你裙（短褲）、*3.* T 恤、*4.* 球鞋。有些餐廳門口，立有告示牌，註明（Dress Code）即服裝規定，應預先了解。

雖然加人平常穿衣較隨便，即所謂：四「S」*1.* Sporty、*2.* Simple、*3.* Slow、*4.* Sockness；所以在街上看到穿 T 恤、牛仔褲和球鞋的，極為普遍。但遇到正式場面時，穿著打扮也都很講究。一般在正式發出請帖時，會註明如何穿著。通常分為：

1. White tie（最正式的）：男士要穿白領結燕尾禮服，女士穿華貴

晚禮服（裙部及地或及足踝）。

2. Black tie（正式的）：男士穿黑領結、小禮服，女士穿裙子及足踝或及膝的夜禮服或洋裝。

3. Semi-formal（半正式的）：有時寫成 informal，所以很容易被誤會為（非正式），因此就不穿西裝，其實原意是不必穿禮服，但還是要穿深色西裝，打結領帶；女士可以穿鮮豔、及膝洋裝，或華麗長裙及上衣。

4. Cocktail（酒會）：可依照上節穿扮。

5. Dressy casual（華麗便裝）：男穿獵裝上衣、休閒領帶，女士可以穿及膝長裙或華麗長褲。

6. Business casual（商務便裝）：男士穿獵裝、polo 襯衫及卡其褲，女士穿毛線衣、華麗長褲或裙子。

7. Casual（休閒便裝）：可隨便穿，但最好不要穿短褲或迷你裙。

附錄㈠

國際禮節

觀光局編印

壹、緒言

一、國際禮節之意義

　　所謂國際禮節，就是國際間各國人士來往所通用的共同禮節，此種國際禮節，是多年來根據很多國家的傳統與經驗逐漸融化而成的。當然，這裡所說的國際，一般係泛指大部分的西方國家，而那些國家所通行的禮節，不但和我們不同，有時甚至和我們相反。例如西方居喪用黑色，但在中國喪服係白色。西方女子婚服尚白色，而中國喜服則為紅色。此種情形，純粹由於東西國家傳統習慣的不同，並無優劣之分，不過由於東西文化的交通，我國現時社會舉行婚禮，新娘已時興改用白色婚服了。

二、國際禮節之重要性

　　我們現在講究國際禮節，並不是崇尚西化，更不是對西方通行的禮節一昧盲從。而是由於交通發達，與世界各國人士接觸的機會增多，為了避免引起無謂的誤會與招致意外的困難，都應學習國際間通用的禮節，否則，小之個人會鬧笑話，大之亦足以影響國人在外聲譽。我國先聖孔子，就主張「入國問俗」，西人亦素有「在羅馬行如羅馬人」之古諺。

貳、衣

一、服飾之一般原則

服裝是一個人的教育、修養、性情的表徵。一般來說，男士日常衣著雖沒有規定哪一種衣服，但宜較為保守，在公共場所不宜穿著大花格子或顏色太亮之衣服。女士衣著花樣雖然繁多，但樣式和顏色似以選擇適合身材和大方為宜。

二、男士之服裝

(一)便服

一般指西服或國服。著便服參加公共集會時，通常以著深色便服為宜。夏季或白天可著淡色便服。

(二)禮服

1. 大禮服（Swallow Tail, or Tail Coat, or White Tie）

晚間最正式場合穿著。上衣及褲用黑色毛料。上裝前擺齊腰剪平，後擺裁成燕子尾巴形，故稱燕尾服。褲腳不捲邊，褲管左右外面有黑絲帶。用白領結，白色硬胸企領襯衣，黑鞋、黑襪、黑絲高帽。

2. 早禮服（Morning Coat）

在日間舉行典禮之各種場合穿著。為深灰色底黑條子褲，後擺裁成圓尾形之黑上裝，黑色或灰背心，灰色手套，白襯衫，銀灰領帶，黑襪子，黑漆皮鞋，大禮帽。

3. 小禮服（Black tie or Tuxedo）

較為正式之晚宴穿著。上衣與西服相似，黑色鑲有緞領（夏季可用白色），黑褲左右鑲黑絲帶，黑領結，白襯衫，黑鞋，黑襪。

三、女士之服裝　女士盛裝 Full Dress 女士小禮服 Dinner Dress

中國女士之服飾較西方女士簡單，因為中國女士穿著之旗袍式樣相差有限，僅有長短與旗袍料之不同而已。普通白天穿短旗袍，晚間正式場合穿長旗袍。旗袍色澤應避免過份鮮艷，切忌白天穿繡花緞子旗袍，因為這種料子是適用晚間穿著的，女士穿戴手套，白天通常戴顏色短手套，晚間則戴白色或黑色長手套或半長手套為宜。如男士穿大禮服時，女士必須戴長手套。女士在白天切忌穿著金銀色鑲珠子鞋。女士在白天之集會均可戴帽，上教堂更不可少，參加園遊會或賽馬會時不但可戴帽，並可攜帶太陽傘。晚間，除頭上戴花或其他點綴品外，不宜戴帽。

四、男士戴帽

(一)戶外何時脫帽

1. 被介紹與他人，或與人離別時。
2. 與朋友打招呼時。
3. 與女士、長輩或牧師談話時。
4. 唱國歌或升降國旗時。
5. 葬儀行列經過時。

(二)何時舉帽

1. 陌生女士稱謝你的服務時。
2. 對陌生女士致歉時。
3. 陌生人對你同行女士致歉時。
4. 與朋友同行而遇到他所認識之女士時。

5.向他人問路或請教時。

㈢室內何時戴帽（註：除下列情形外，室內均宜脫帽）

1.在公共建築物內，如火車站、飛機場、郵局等。
2.在辦公大廈之門口或入口處時。
3.在百貨公司或商店內。
4.在公共建築物之電梯內。

參、食

一、宴客

宴客在社交上關係極為重要，如果應用得宜，不但可以達到交友及增進友誼的目的，並可提高本身的社會地位。倘使應用不當，可能招致賓客不歡，甚至發生不良後果。所以對於宴會一事，千萬不可等閒視之。

㈠賓客名單：要使宴會成功，賓客名單事先必須慎重選擇。應先考慮賓客人數或其地位，同時陪客身分不宜高於主賓，但應為有適當聲望的人，以達到賓主盡歡之目的。

㈡時間：主賓及宴會目的確定後，宜與主賓洽定日期後即送發請柬。官式宴會之請柬宜兩週前發出，宴會日期盡量避免週末、星期日或假日。

㈢地點：宴客地點以在自己寓所最為高尚親密，倘若借用其他地點，亦應注意清潔雅緻，出入方便為宜。

㈣請柬發出後，如無重大事故，不得輕易更改或取消。

㈤接受邀請時，可自由決定接受或婉謝，但一經接受，務必準時赴約。

㈥不可在第三人面前邀請客人。

㈦接受邀請時，要提及時間、地點，俾使主人知道客人確已盡知。

㈧應在請柬上註明穿著何種服裝。

二、邀宴方式

　　邀請方式不一，唯主人如何邀請，客人可以同樣方式答覆。

㈠請帖：一般多以請帖邀宴，並附有回帖，俾便客人表示接受或婉謝。正式宴會務請使用請帖。

㈡電話邀請：此一方式簡單方便，可立即知道對方是否接受邀請，惟須把時間、地點說清楚。

㈢傳真邀請：為爭取時效，或邀請即將遠道來訪者，可以傳真邀請。

㈣便箋：非正式宴會或熟朋友可以便箋邀請。

三、請帖格式

　　正式請帖應包括：

㈠邀請人之姓名。

㈡被邀請人之姓名。

㈢集會之類別：如晚宴或酒會等。

㈣時間：年月日星期時分。

㈤服裝：禮服或便服。

㈥地點：街道號碼及特定場所。

㈦回帖：回帖地址，或電話號碼，或聯絡人。

　　附英文請帖格式：

Mr. and Mrs. John Williamson

request the pleasure of the company of

Mr. and Mrs. A. B. Freeman

at Dinner

on Friday, October 10. 1992

at 7:00 P. M.

at 15 Rooseyelt Road, Section one, Taipei

R. S. V. P.

Tel. 321-1111

四、座位卡

在正式宴會上，應備有座位卡，卡之中間有虛線可以摺疊。在西方宴會多只填寫面對來賓之一面。但在若干場合，卡折曲後之裡外面均書寫姓名，一則使來賓易於尋找自己之座位，二則使其他賓客間可以彼此知道對方之姓名。

五、座位籤與座位盤

在正式宴會上都先將來賓之座位依其地位之高低預為排定，一般都把來賓之姓名及席次劃在硬紙上或排在圖版上。如排在圖版上，則把賓客姓名書寫於座籤上，然後插在圖版上。

六、菜單或客單

㈠在正式宴會上均備有菜單和客單，兩者用打字、鉛印、書寫均可。如賓客為本國人，則菜單客單均用本國文字即可，如為中外來賓，宜用中外文對照菜單。至於客單使用外文即可。

㈡菜單之選定應注意賓客之宗教，如佛教徒之素食，回教徒不吃豬肉，天主教徒星期五喜吃魚類等。

㈢依照西方習俗，甜點應在最後，上水果之前。

七、銀器與杯盤及碗碟

㈠銀器要均勻放置，並整齊排列，每一銀器之柄端離桌緣一英吋左右。叉子和刀要放妥，不要藏在盤底或相互重疊。

㈡除蠔叉外，叉子均放在左邊，刀子和匙在右邊，叉子之齒向上。刀則刀口對向盤子。湯匙放在刀之右邊。等上咖啡成點心時另送匙。但也有把點心用之銀器放在盤子上端，與桌緣平行。

㈢應該擺放之銀器：該擺放何種銀器，應以吃何種食物而定，但刀和叉乃是最基本者。

㈣主菜盤置於座位正方之中央，其左分別放置麵包碟，牛油果醬碟，及沙拉碗。

㈤杯子：杯子要放在右邊，刀之上端。水杯在刀之正上端。其他如酒杯、茶杯、啤酒杯則放在水杯之右邊略低處。

八、席次之安排

㈠席次之一般原則：

1. 男女主人對坐桌席之兩端。
2. 男女間隔而坐。
3. 男主賓坐在女主人之右邊，女主賓坐在男主人之右邊。
4. 夫婦分開坐。
5. 中外賓客分開坐。
6. 西餐座次安排如下：

第一式

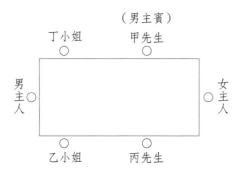

第二式

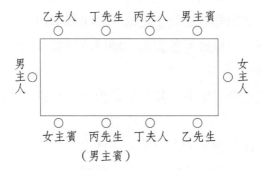

第三式

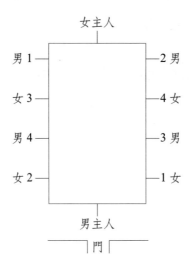

第四式

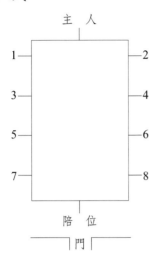

第五式

第六式

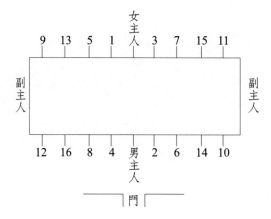

第七式

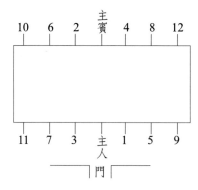

第八式

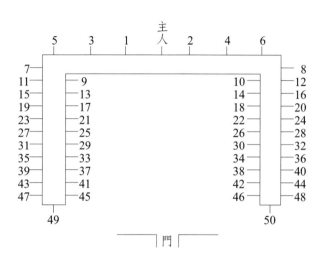

主人位高而居中，高位
應從內線靠近主位計起

第九式

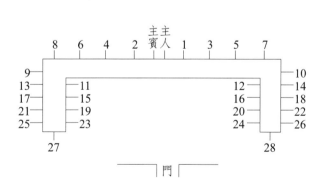

主賓位高，或與主人同等，
首桌需排主人與主賓併座。

第十式

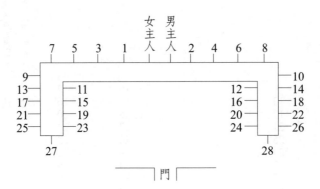

男女主人均排入首桌，但其位高於與宴賓客時，則居中央席位，席次高下由女主人之右算起。

第十一式

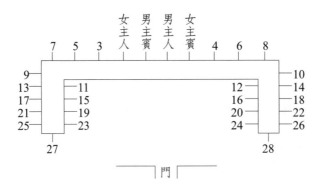

男女主人與男女主賓地位相等時，則夾位於中央，以示平等尊重。

第十二式

賓客為男女四對、六對或四之倍數時，則不易排，因總有兩個女士或男士隔鄰而坐。為方便起見，可讓女主人坐桌邊，男主賓與男主人相對坐於兩端。（如圖 A）抑或賓主夫婦對坐（如圖 B）。

圖 A

圖 B

第十三式

缺男主人時，男女主賓坐在女主人之右邊。如下圖：

缺女主人時，則男女主賓坐在男主人的右邊。如下圖：

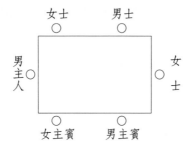

7.中式餐桌：

(1)二桌排列法：

第一式　橫排

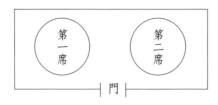

第二式　直排

⑵三桌排列法

第一式　品字形

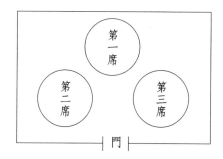

第二式　一字形

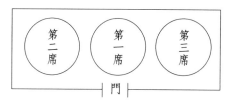

第三式　鼎足形

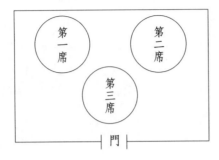

(3)四桌排列法：

第一式　正方形

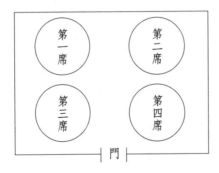

第二式　十字形

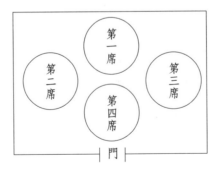

第三式　三角形

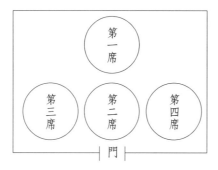

第四式　一字形

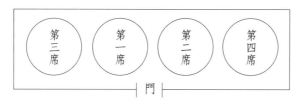

(4)五桌排列法：

第一式　梅花形

第二式　放射形

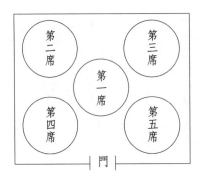

第三式　倒梯形

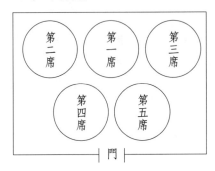

第四式　一字形

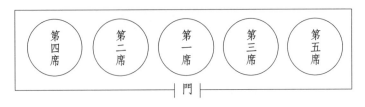

8.中餐座次安排如下：

第一式　方桌排法（單一主人）

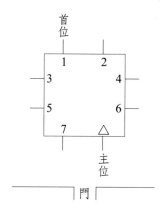

第二式　方桌排法（男女主人）

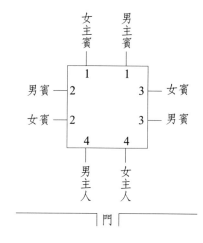

第三式　圓桌排法（單一主人）

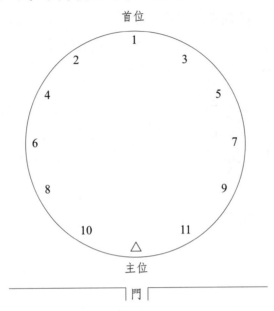

第四式　圓桌排法（男女主人）

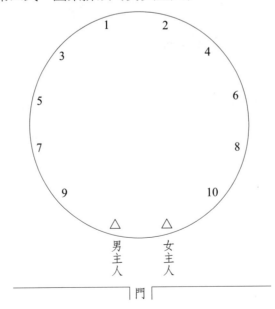

9. 席位座次除主客坐首席外，其餘席位似年高或位高之順序定之。（一般宴會以年高為主，官式宴會以位高為主。）

10. 賓客入席後，主人得視情況需要，於適當時間起立舉杯致意。

11. 宴會時，不宜中途離席，如欲先行離席，宜向主人及同席者致意。

12. 宴畢，中餐俟主客道謝後告辭；西餐俟主人起立致意後告辭。

九、餐巾

在餐會中，要等女主人攤開餐巾時，才動用它。不要把餐巾捲成一團，或繫在頸子上（小孩除外）。餐巾是用來擦嘴，不可用來擦臉，尤不可擦汗及除去口中食物。餐紙亦同，不可把它捲圓或扭碎。餐畢，將餐巾稍為摺疊後，再放回桌面左手處。

十、餐具之使用

㈠先用最外面之餐具，即盤兩邊最遠者，用完後放在盤子上，以待取走。另上一道菜時，再用最外邊之餐具，萬一外邊之刀和叉不正確，咎在侍者。如懷疑一隻刀叉成湯匙是否宜於吃某一道菜時，則仿照女主人使用。

㈡右手持刀、左手握叉，叉齒向下。

㈢不可用刀吃東西，刀只是用以切東西的。

㈣不要以個人用過之餐具放在大家吃的食物上。

㈤用過之餐具要放在盤子上，不可置於餐巾上。

㈥匙不可置於杯碗、或蛋杯內。要放在盤上或托碟上。

㈦吃完之餐具要橫放在盤子上，與桌緣略為平行，握把向右、叉齒向上，刀口向著自己。

㈧作客時，切勿擦拭盤子、在餐館內，如要擦拭，可在桌底為之，以免受人注意。

十一、進餐方法

㈠一般吃法

1. 進餐時應閉嘴靜靜咀嚼，勿張大嘴談話。口中也不可塞滿食物。自己之餐具不可伸入公用之餐具內。如無主人之示意，以及未得鄰座之允許，不可抽煙。

2. 用手食物真正令人討厭的是使手指變得油膩或發粘。吸吮手指或以餐巾揩拭，都是不雅之儀態。

3. 不在盤子上留下食物，方為合乎禮貌。

4. 進餐時應盡量避免噴嚏、長咳、呵欠、擤鼻涕；若確有此必要時，應速以手帕掩蔽，必要時甚至借用餐巾以應其急，總以不在人前噴飯為要。

5. 口內的魚骨或其他骨刺可以拇指與食指自合攏的唇間取出。

6. 果核由口內吐出時，應吐在空握的拳頭內，然後放在盤子裡。

7. 如欲借用同桌客人面前之調味品時，應請鄰座客人幫忙傳遞。

8. 一道菜食至一半而需停下抽菸或談話時，應將刀口或叉齒一端靠在盤上，刀柄或叉柄一端靠於桌上。

9. 一次吃一口，食物要切著吃。口中食物未嚥下時，勿再加東西。也不要把肉塊一次都切碎。

10. 喝湯時先試溫度，不可以「嘶嘶」聲，並避免取匙過滿，濺污衣衫。快喝完時，可以左手拇指與食指輕扶盤緣，向同桌心方向稍為傾斜，以幫助取湯。

11. 吃麵包時，要撕成小片，一小片一小片送進口中吃。如麵包要沾牛油，要以牛油刀塗撥，如無牛油刀，其他刀也可代替。撥塗牛油時，要把麵包靠在牛油碟或餐碟上。

12. 喝流質飲料時要啜飲，切勿牛飲。啜飲前先把口中食物嚼完嚥下，切忌使用匙飲。飲後要用餐巾擦拭嘴邊，以免啜飲後在杯

上留下殘渣。

13.同席者口中咀嚼時，應避免向其敬酒。

14.去骨，在正式宴會或餐館裡，不宜用手挑去骨頭，其他場合則可隨意為之，惟先要切去大部分的肉後才可為之。

15.沙拉要用刀叉吃。如沙拉太大，可先以刀切小食之。

16.殘餘的豆粒：如盤裡剩下數顆豆粒，切忌用手取之。

17.食物太熱：萬一上嘴之食物太熱時，不要吐出，此時可飲水加以調和。（此是唯一可以大口飲水之時）。

18.有東西在食物上時，可用刀叉把它取出放在盤邊。並盡可能不要讓人察覺。如食物上有碎石或樹枝雜草，可以大拇指食指取出。如有昆蟲在食物上，則不必動它，也不用大驚小怪。敏慧之主人或侍者即可察覺而另予更換。如在餐館時，則可告訴侍者。

19.品評食物：作客時，如食物係女主人親自烹調時，最好能予以讚賞一番。但不要品評自己不喜悅之食物。如端上之食物因故不能吃時，可有禮貌的推謝，不予置評。

20.口中有食物時勿行談話，同席人咀嚼時避免向其發問或敬酒。（此處敬酒是指吃中餐時，西餐可免向人敬酒）

21.主人以外不必勉強向同席人敬酒，不飲酒者忌用水杯敬酒。

22.如不慎失落餐具或打破餐具，首應保持鎮靜，以不驚師動眾為上策（如無法掩飾時，能出以幽默噱頭加以解釋亦可），俟侍者自動前來協助。如需要侍者時，通常不用聲音，而以簡單手勢為主。

㈡特種食物吃法

1.硬餅乾、馬鈴薯片、玉蜀黍、橄欖、芹菜、蜜餞等均可以用手取食。

2.龍蝦腳爪可以手指撕扯去殼食之。

3.瓜、桃等類，以刀剝皮切片後，用叉取食之。

4.香蕉用手剝皮後，放盤內，以刀切片，以叉取食之。

5.花生、栗子、核桃等類，用手脫皮食之。

6.柚子等類，切開後用匙取食之。

7.梨、蘋果等類，可先用刀切成四片，然後將果核用刀切除，以手取食之。如須去皮，亦可個別用刀將皮剝去再食。

8.橘子類，先用刀將兩頭果皮削去，豎立盤中，以刀一條一條垂直將皮切去，然後將已去皮之橘子攔腰切成多片，再用叉取食之。

9.草莓類，多用乳脂加糖拌攪後，用匙或叉取食之。

10.葡萄類，吃法有二，一為用左手握葡萄，右手用刀尖將子取出後，用左手取食之。另一為，將整個葡萄放口內咀嚼，吞食其果肉及汁，西方人多不吐核，如必須吐核，宜先吐入手中，再放入盤內，不宜當眾吐核。

11.食魚時，如未備有小銀刀、叉時，可用左手執麵包按魚，右手用叉進食，不可常用刀剖割。另取魚骨之法，係先用叉將魚骨之一端挑起，逐漸全部提高，然後用刀與叉將之挾起。

12.貝介類，用左手持貝介之殼，用右手持蠔叉，刺其內而食之。

13.蘆筍類，近多用叉去其頭，再用叉取其柔軟部分食之。但亦有用手持用，將其頭部放置盤中。

14.雛雞野禽，用刀割其胸脯及兩腿之肉，不可翻其身，可剖為兩塊，在正式場合不可用手。

15.糕餅用叉分割，堅硬者亦可用刀切，但不可用口咬。

十二、宴會種類

㈠午宴（Luncheon）：通常在中午十二時至下午二時之間舉行，工作天因賓主均有職業，所以午宴時間不宜太長，一般來說，午宴是一種業務性 Business 餐會。

㈡晚宴（Dinner）：通常是在下午六時以後舉行。距離一般休息（下班）時間以一小時為宜，且餐後間或有餘興節目，如音樂、遊戲、電影、跳舞等等。晚宴非有特別情形，應邀請夫婦同時參加，通常不宜舉行純男性的宴會。Stag Party。較為官式的晚宴稱為Banquet；如一國政府首長為來訪之他國首長舉行之正式晚宴即然。

㈢國宴（State Banquet）：元首間的正式宴會。

㈣宵夜（Supper）：通常官方或社交人士在歌劇或音樂會以後舉行。也可能在晚飯以後單邀請宵夜者，與一般家庭之晚餐（Supper）或我國的宵夜之僅準備簡單食物（Refreshment）者有異。在歐美習俗上，宵夜很隆重，可能有餐肴，與晚宴不相上下。

㈤茶會（Tea Party）：通常在下午四時以後舉行，茶會的目的多半是介紹某人給某人，或者藉此慶祝生日、節日等，規模不太大。茶會的飲料當然以茶或咖啡為主，此外尚可準備橘子水、檸檬汁或甚至於各項小食品如三明治、各式蛋糕、巧克力糖果等。因規模較小，如能由女主人親自分茶，更能增加融洽的氣氛。

㈥酒會（Cocktail, Cocktail, Party, Reception）：
通常於下午四時至八時之間舉行，並備有各種酒類及小食品的聚會，規模視目的而定，時間也視情形而不同，通常是一小時至二小時為宜，但須於請柬上註明幾時至幾時。

㈦園遊會（Garden Party）：通常於下午三時至七時之間在花園中，或大草坪，或有寬闊的露臺舉行，以便賓客往來其間，可備酒或茶及各種小食品。

㈧舞會（Ball, Dance）：舞會的地點，除官式的如在皇宮等以外，亦可在家裡、俱樂部中的舞廳，或大飯店內舉行。並可備飲料及各種小食品招待之。

㈨自助餐或盤餐（Buffet）：自助餐有下列各種方便，所以採用此種宴會方式者日多。

  1. 不必排座次，賓客的人數、職位的高低所受的拘束較少。

2.客人可先後參差進食也沒關係，無須等候客人到齊。

3.如果在家裡舉行，可節省人力。

4.較之正式宴會不拘形式，宴會氣氛較為融洽。

㈩各種晚會（Soiree）：在下午六時以後舉行，並備有相當的節目，通常的晚會都包括有餐會的節目在內。晚會的節目可能包括音樂演奏、電影、遊戲、跳舞等。

㈠家庭會（Open House）：為歡迎朋友到家裡玩，有時可舉行家庭會，它有「開門迎賓」的意思。且可不拘時間，上下午俱可，惟通常亦同茶會一樣，寫明由某時至某時。家庭會中可以備各種飲料及食品招待朋友。

㈡其他尚有因特別因而舉行的宴會，如生日會（Birthday Party），結婚週年紀念（Wedding Anniversary Party），獵會（Hunting Party），野餐會（Picnic）等等。

肆、住

一、整潔

㈠住所應保持徹底之整潔。

㈡晒衣服應在後院或屋內，或房主指定之晒衣場。

㈢廢物不可拋棄於路上。

㈣在旅館房間內，包裝紙及空盒子等不用物品不可亂扔。

㈤在旅館內，不可穿睡衣（袍）在公共場所走動。

二、安靜

㈠應避免喧嘩，干擾鄰居。

㈡收音機、電唱機、電視機及談笑等，聲音不可過高，以免妨害他人作息。

㈢寓內有小孩，應禁止他們奔跳。

㈣晚間有多人集會，應先通知房東或鄰居。

㈤在旅館內，勿大聲交談、呼喚。

㈥入室應先按鈴或叩門，等候室內回答，然後進入。

㈦不應窺視或竊聽，以尊重他人隱私權。

伍、行

一、行走

㈠進出門口時，男士應先女士上前一步，並有推門之義務。進出電梯時，則跟隨女士之後。

㈡下車或通過黑暗區域時，男士應較女士先行。

㈢入娛樂場所時，男士先行，以便驗票並覓座位。

㈣在人行道（Sidewalk）行走時，安全之翼，須讓長者或婦女行之。

㈤如須通過某人所立或坐之處，通常應由其後面繞行之。

㈥與尊長同行，應略退於左後方一步。必要時，並須予以攙扶。兩人同行，前為尊；並行，右為尊。三人並行，中為尊，右次之。三人前後行，前為尊，中次之。

㈦通常男士應走在女士左邊（男左女右之原則）或靠馬路之一邊，和兩位女士同行時，不可站在中間，否則你和一邊講話時就看不見另一邊。男士可代女士攜笨重之物，但不必替女士拿皮包或女用傘，（女士也應注意，不可把皮包或傘交給男士代拿）。在白天，除非路上泥濘，或跨過擁擠之街道，不宜挽著女士之臂膀行走，如路上只能一人進行時，男士應後走。

二、乘坐汽車

(一)車輛座次如下圖：

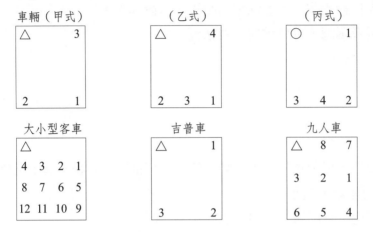

說明：△為司機座位。

　　　○為主人親自駕駛座位。

　　　1234 表示位次大小。

(二)駕駛汽車及過馬路時，應遵守當地交通規則，盡量避免按喇叭。

(三)男士應替女士招呼汽車，並開車門讓女士先行入座，並應先下車，為女士拉開車門，助他下車。

(四)車上並非隱密的地方，談論公事或涉及他人隱私的事應絕對避免，以防司機聽到談話內容。

(五)如和司機談話，勿涉及私人性質者。

(六)車上可以吸煙，但車上遇有女賓時，應先作禮貌性的請求。

(七)與不熟識之女士同車，談話宜限於普通應酬性之問題。

三、乘坐飛機或火車

(一)旅客相互間可以談話，但應注意：如鄰座之旅客正要看書或休憩時，切勿與之喋喋不休。

(二)不要把行李橫放走道上，妨礙通行。

㈢不要長時間佔據更衣室或廁所，尤不可將它弄髒，而應保持清潔。

㈣男女在車內行走時，識與不識，男士都應趨前打開笨重之車門。

㈤位高者，後上先下，位低者，先上後下。

四、乘船

㈠一般言之，在船舶上之禮節和在鄉間旅館相同。可以在甲板上或餐廳裡與乘客談話。

㈡可在船上自我介紹。對已碰過面的人要打招呼，對顯然要保持寧靜的人，不要纏著談話。

㈢待人要客氣，如同在家裡對待朋友一樣。

㈣除非接到邀請，不可坐在船長的餐桌上，如應邀時，應按時進膳，俟船長離桌時，才離開。如不願應船長之邀請，要婉謝。

五、搭乘電梯

㈠電梯到達時，如有熟人同候，不必過份客氣，你推我讓，以免耽擱時間，引起電梯內乘客之厭惡。

㈡進入電梯後應立即轉身面對電梯門，避免與他人面對而立。

㈢在電梯內勿高聲談話，切勿吸煙。

㈣應讓女士先進入或先走出電梯。

㈤應等下電梯的人走出電梯後，再行進入電梯。

附錄㈡

出國旅行安全須知

外交部領事事務局編印

中華民國九十三年七月

出國旅行安全須知

前　言

　　近年來國人出國旅行已蔚為風氣。每個人出國旅行都希望能平安愉快，但因犯罪、恐怖暴力或其他意外事件經常發生，故出國時須小心謹慎。在出國旅行期間，除了同行的親友外，我國駐外的大使館、總領事館、代表處或辦事處（簡稱駐外館處）是你最可信賴的求助對象。

　　不論你遭遇什麼困難，請盡快跟駐外館處聯絡，千萬不要猶豫遲疑。有些困難，可能打一通電話或親自到我駐外館處去一趟，就可以解決；若你的問題超越了外館所能服務的範圍，但駐外人員仍會盡力提供諮詢意見。

　　為了你出國旅行安全，我們特地編印了這本小冊子，以供你閱讀參考。

出國之前：

應該帶什麼？

　　*1.*出國旅行安全應該從整理行李服裝注意起，為避免成為被注意的對象，衣著宜力求簡樸，太亮麗或太休閒的衣著易使人一眼就看出你是觀光客，因此盡可能不要打扮得珠光寶氣，過於時

髦。

2. 行李最好簡便。如此，既能使行動便捷自由，又方便裝卸保管，也不會勞累牽掛。

3. 少帶貴重物品，並妥慎保管。把護照、現金或信用卡鎖在旅館的保險箱最為安全。隨身攜帶時，最好分開存放，不要放在同一個皮包或口袋裡，以免同時全部失竊。一般而言，把貴重物品放進衣服裡面的暗袋或小袋子會較保險安全。

4. 為避免通關時遭遇麻煩，最好把藥物放在原裝並有標示的瓶罐或盒子裡，同時攜帶醫生處方或藥物的名稱。如果藥物較特別或含有麻醉品成分，要攜帶醫生開給的證明，對攜帶藥物入境是否合法有疑問時，可事先洽詢該國駐華機構或我有關駐外館處。

5. 攜帶旅行支票及一、二張較通用的信用卡，少帶現金。並把旅行支票號碼表複印二份，一份留給國內親友，另一份隨身攜帶，並在旅行支票使用或兌現後，把號碼逐一劃掉銷去。

6. 把護照、機票、駕照及擬攜帶的信用卡各複印二份，一份隨身攜帶，另一份留給國內親友。另隨身攜帶二、三張護照用的照片，及護照重要頁次（如基本資料頁與簽證、入境章頁）的複印本，以便護照被竊或遺失時，迅速申請補發，及向當地國證明你係有簽證且合法入境。

7. 在每件行李內外寫上名字，地址及電話號碼。盡可能使用有外蓋的行李標籤，以免直接暴露身分及住址，並把行李加鎖。

8. 帶張電話卡，並在出國前查清楚從國外打電話回國的方式。

9. 如果你戴眼鏡，最好多準備一付，把預備的眼鏡跟藥物放在隨身攜帶的手提袋裡。

應該留什麼在家？

1. 不要攜帶你最怕遺失的東西出國，最好把下列物品留在家裡：

——昂貴或看起來貴重的物品。

——無可替代的傳家寶。

——不必要的信言用卡。

2.把你的行程留給家人，以便必要時聯絡。

出發前應該知道什麼？

1.安全：

(1)出國前請至本局網站

http：//WW.boca.gov.tw查閱「國人出國旅遊須知」網頁，內容包括全新改版之「各國旅遊資訊」、「國外旅遊警示分級表」、「急難救助實例」、「旅外國人遭偷搶騙案例」、「旅外國人急難救助聯繫中心」、「駐外館處提供旅外國人服務項目」、「中華民國駐外館處通訊錄」及世界各國幣別兌換、各主要城市氣象查詢網站連結等。如遇有特定國家或地區發生重大變故，影響安全時，本局會隨時公告於「國外旅遊警示分級表」或「各國旅遊資訊」之旅遊警訊欄內，以供國人參考。

(2)請至本局資訊網「旅外國人動態登錄網頁」登錄個人資料及旅外停留資料，這些資料將有助於我駐外館處了解國人動態。當發生天災、動亂、急難事件或有協尋請求時，能立即獲得協助。

2.急難救助聯繫電話：出國旅遊請出國旅遊請隨身攜帶「中華民國駐外館處通訊錄」，內載有各駐外館處之急難救助電話，二十四小時均有駐外人員服務，在國外倘遇急難事件，請即與駐外館處聯繫。（也請體諒同仁辛勞，非真正急難難案件請避免於深夜或清晨撥打急難救助電話）該通訊錄在機場服務台或出境大廳皆可免費取得，亦可隨時前往本局及台中、高雄、花蓮辦事處索取。

如一時未能與駐外館處取得聯繫，請直接或由國內親友與本部
「旅外國人急難救助聯繫中心」聯絡，電話為（03）
398-2629，383-4849 或 0800-085-078（免付費，限國內撥
打），二十四小時均有專人接聽服務。

本部另設有「旅外國人急難救助全球免付費專線」電話
800-0885-0885（諧音「你幫幫我、你幫幫我」），可利用下列
撥話方式由國外直撥回國與該中心聯絡：

日本	先撥 001 再撥 010-800-0885-0885 或撥 0033 再撥 010-800-0885-0885
澳洲	先撥 0011 再撥 800-0885-0885
以色列	先撥 014 再撥 800-0885-0885
美國、加拿大	先撥 011 再撥 800-0885-0885
南韓、香港、新加坡	先撥 001 再撥 800-0885-0885
英國、法國、德國、瑞士、義大利、比利時、荷蘭、挪威、瑞典、阿根廷、紐西蘭、馬來西亞、澳門	先撥 00 再撥 800-0885-0885

3.出國旅遊應注意事項：可至交通部觀光局網站http://www.tbroc.
gov.tw 查閱，或洽觀光局旅遊諮詢熱線 0800-011-765。

4.各國疫情：可至行政院衛生署疾病管制局網站 http://www.cdc.
gov.tw 查詢或洽檢疫諮詢服務電話（02）2351-2028～9。

5.外國法律及習俗：出國後，就須受外國法律的約束。因此，出

國前宜盡量去了解擬前往國家或地區之法律及習俗。圖書館、旅行社、各國駐華機構、本局網站以及交通部觀光局都是獲取資訊的重要來源。此外，也可從電視、廣播電台、電腦網路以及報紙雜誌獲取相關資訊。

出國前應該安排什麼？

1. 行程：最好安排住在安全設備較好的旅館。旅行安全專家建議，盡可能住在第二至七樓，因一樓外人容易闖入，八樓以上消防車搶救較困難。

   飛機起飛或降落最易肇事，故最好搭乘直航班機，減少起降次數，以策安全。如果能選擇機場或班機，最好從安全設備較佳的機場起降，或搭乘安全紀錄較佳的航空公司班機。

2. 法律文件：行前最好把私事、家務安排妥當。把保險文件、授權書、甚至遺囑交給親友。如此，將較有安全感，亦較能坦然鎮定地應對突發事件。如果家有未成年子女，亦可安排監護人。

3. 信用卡：在隨身攜帶的信用卡上註明最高使用金額，以免超額使用。有人曾因超額使用，被疑為詐騙，而遭逮捕。此外，出國前應向信用卡發行公司查詢，在國外遺失信用卡後，如何報失作廢。

4. 保險：查明你現有的保險是否包括在國外財物被竊或遺失，均可獲得理賠，又是否可支付出國旅行期間之醫藥費用。在先進國家，醫療費用均極高昂，國人在國外的緊急傷病醫療費用，雖可依規定向中央健康保險局申請核退，惟核退金額均有上限，最好於行前購買含有意外醫療保障之旅遊平安險。

旅行途中應留意事項：

街上安全

1. 提高警覺，避免前往危險的地方。
2. 避免單獨或無當地人陪同前往特種營業場所，以免被敲詐。
3. 不要抄捷徑、窄巷或昏暗的街道，晚上最好不要單獨外出。
4. 不要高談闊論或跟人爭吵。切勿跟陌生人談你的行程或私事。
5. 小心扒手。扒手通常都有共謀伙伴，他們常會
   ——無故推擠你。
   ——假裝請問你時間或方向。
   ——告訴你衣服被沾污了。
   ——騷擾你，使你分心。
6. 扒手也可能偽裝成抱著嬰兒的婦女。當心流浪的小孩會騷擾你，並趁機扒竊你的財物。
7. 把手提包揹在胸前或遠離街道之一肩，並且不要在街角逗留，以防有人開車或騎摩托車從你身旁搶走皮包。
8. 逛街時務必從容鎮定。迷路時，不要慌張，除警政人員外，不要隨便找人問路。
9. 詢問旅館如何購買當地電話卡或使用投幣式電話，並隨時攜帶若干零錢或代用貨幣。
10. 學會幾句當地語言，以便求助時使用。抄寫記下緊急電話號碼，包括警察局、消防隊、旅館等，尤其是當地或鄰近的駐外館處急難救助電話號碼。
11. 遭遇搶劫時，千萬不要反抗，不要捨不得貴重財物。金錢與護照都可找回，但性命則不能贖換。

旅館安全

1. 旅館房門要隨時上鎖，盡量不在房間裡會客，要在會客室接見訪賓。
2. 外出時不要把金錢、護照或貴重財物任意棄置在房間裡，最好放在旅館保險箱中。
3. 晚上外出，要先告訴你的同伴，你幾時才能回旅館來。
4. 發現電梯內有可疑人物時，如果你是單獨無伴，則不要進入搭乘。
5. 仔細閱讀防火安全說明書，了解如何報告火警。確實了解最靠近的逃生口或緊急出口。確認從你的房間與最靠近的太平門之間共有幾道門，以便遇火災濃煙時，知道如何逃生。

交通工具上的安全

1. 計程車：搭乘有明顯政府所發標誌的計程車，切忌搭乘沒有牌照的野雞車。倘非依跳錶計資，最好先談妥價錢，再上車。
2. 火車：晚上常會發現有組織的偷竊集團，尤其是在臥鋪車廂裡。如果在火車月台上或火車內通道上有人從前面擋住你的去路，後面又有人靠近你，要儘速設法走開。

   不要接受陌生人給你的食物或飲料。歹徒常會在食物或飲料中摻加藥物，也可能在車廂內噴灑催眠瓦斯。

   把車廂上鎖，如果無法上鎖，最好跟你的伙伴輪流睡覺，否則應乾脆不睡。如果想睡，可把行李捆好枕在頭下，並把貴重財物放在身上。

   如果遭到安全恐嚇威脅，不要害怕，可即報警。通常在火車上或較常發生偷竊搶劫的地方都派有很多員警。
3. 巴士：火車站或火車上的竊盜案件也會在巴士站或巴士上發生，在某國曾有整車旅客被歹徒集體洗劫。

開車的安全

1. 租車時，不要租用名貴或進口車，最好租用當地大眾化的車子。在不違反當地法律的情況下，可要求租車公司同意把車上「出租」標誌取下。車況要好，而且門窗均可由駕駛人控制開關。租用裝有冷氣的車子，行駛時把窗子關上，以防皮包被攫取搶走。

2. 車門隨時上鎖，並繫好安全帶。最好不要晚上開車。

3. 不要把貴重財物放在車上，如須隨車攜帶，可趁沒有人注意時，鎖進車子的行李廂裡。

4. 不要把車子停放在街上過夜，如果旅館或市區內沒有車庫或其他安全停車的地方，可停放在燈光較亮的地方。

5. 不要隨便給人搭便車。

6. 如果發現附近有可疑人士，不要打開車門，要迅速離開。

詐騙竊車的手法

1. 在觀光旅客多的地方，如南歐。詐竊駕車旅客的花樣多且高明，租車時最好向出租汽車公司請教防範遭劫的方法。

2. 歹徒通常在加油站、停車場、市區或公路上下手。在車內或車外，須注意跟你打招呼或惹你注意的人。

3. 歹徒都有奇妙的計謀，常偽裝好人，主動表示願幫你修輪胎，事實上，輪胎並無問題，也可能他們已故意把它弄壞，有時他們可能把另一部車的輪胎弄壞，然後求你幫忙一起修理，而趁機偷竊你的行李或車子。通常他們是合夥作案，一個人假裝幫助你，另一個趁機偷你的東西。

4. 有時歹徒會採取殘酷的手法，把你載到偏僻小路，或故意製造假車禍，撞壞你車子的前後保險桿，並高價索賠。

5. 有些地方的歹徒根本不願花時間耍手段，他們常乾脆在十字路

口，把車窗打破，搶走你的車子及財物，此時如無生命安危顧慮，宜保持冷靜，將車迅速駛離現場或持續按喇叭，引起路人注意。此外，除小心避免車禍外，也要注意夾雜在行人、騎腳踏車或摩托車的人中，可能行竊作案的人。

財物安全

1. 不要攜帶太多現鈔，旅行支票要等需用時才兌現。此外，旅行支票要在兌現或支付時才可簽名，不要事先簽妥。
2. 兌現、買機票或買紀念品而需現鈔時，應向官方指定之銀行或商店兌換，千萬不要找黑市買賣。
3. 財物遺失或被竊時，立即向當地警察局報案，並請發給證明，以供向保險公司申請理賠時作為證明。此外，除報警外
   (1)信用卡遺失或被竊時，應即向發行之銀行或公司申報作廢。
   (2)旅行支票遺失或被竊時，應立即向發行之銀行或公司申請止付。
   (3)機票遺失或被竊時，應向航空公司申請補發。
   (4)護照遺失或被竊時，應即向駐外館處申請補發。

遵守當地法令

1. 出國後就受外國法律的約束，也就是受外國政府的管轄。
2. 在國內，你的行為可能是合法的，也可能只被處以罰鍰，但在國外，你可能因類似的行為而被捕入獄。因此，出國旅行須注意遵守當地的法令習俗。
3. 有人因下列情形而被捕入獄：
   違反藥品管理：有些國家對持有或買賣毒品之刑責不區分，即使持有少量的大麻或古柯鹼，都處以徒刑。在若干亞洲國家，可憑醫生處方買到鎮定劑或安非他命，但把這些藥品帶入中東國家，則是犯法的。此外，在某國憑醫生處方合法買到鎮定藥

品，數量雖不多，但帶入別國後，可能被認為過量而被捕。故購買、攜帶藥品時宜小心，最好事前多方打聽查明規定。

持有槍械：在多數國家非法持有或買賣槍械，都會被處以徒刑。

拍照：在許多國家拍攝軍警建物或政府機關、邊境或交通設施，可能會被扣押訊問。故拍攝之前，最好詢明可拍才拍。

購買古董：購買昂貴古董時，記得索取輸出許可，如果是複製品，最好索取說明書。在土耳其、埃及及墨西哥等國，常有觀光客買了沒有輸出許可的古董而被捕。

防範恐怖暴力活動

1. 恐怖暴力活動常在無預警的情形下發生，防範確實不易。但最重要，也是最好的防範方式是，避免到經常發生恐怖暴力或綁架事件的國家或地區去旅行觀光。

2. 恐怖暴力活動大多有長期且周詳的計畫，而且多數是尋找最無防衛戒備的對象下手。

注意下列各點，以減少被恐怖暴力分子攻擊之機會：

3. 不要暴露行程。

盡可能搭乘直達班機，避免在高度危險的機場或地區轉機停留。有時可改搭火車，不要搭飛機。

4. 少跟陌生人談話，並避免與人談話被竊聽。

5. 縮短在機場內公共場地逗留的時間，盡快離開櫃台，進入出境大廳。抵達目的地，辦妥入境手續後，趕快離開機場。

6. 不要到恐怖暴力份子經常攻擊的地點，如歐美人士在當地經常聚集的場所。

前往危險地區旅行應注意事項

1. 切記告訴家人遇緊急事件時應該做什麼。行前要把私事、家務

妥切安排。

2.抵達目的地後，盡可能先與我駐外館處電話聯絡。

3.態度要友善，但慎勿與人討論私事或行程。

4.不要把與你個人或與工作有關的文件任意留置在旅館裡。

5.注意是否有人跟蹤你？是否有人注意你的出入？

6.把行程告訴你可靠的親友，遇有變更，馬上告訴他（她）。

7.不一定要完全按照指定的時間或路線參觀旅行。遇有可疑情況，即向當地警察機關或鄰近之駐外館處報告。

8.不要隨便搭計程車。不要搭沒有明確標誌的計程車。看清楚司機容貌跟他執照上的照片是否相像。

9.盡可能找人同行。

10.拒收不明的包裹。

11.在旅館房間內須確知訪客的身分後才可開門。切勿前往陌生或太遠的地點會見陌生人。

12.擬訂一份鄰近處所如發生爆炸或槍戰情形之應對行動計畫。

13.注意你車子周圍有否鬆落的電線或其他可疑活動。

14.注意車況是否正常良好，必要時能否開快車或易閃躲。

15.在人多擁擠街道，車窗要關緊，以防炸彈從窗口丟入。

16.如果有人開槍掃射，要盡快趴在地上，或盡可能彎下身子。在危急狀況未解除前，切勿亂動。不要盲目的去幫助救援，也不要去撿拾槍枝。設法躲在堅固建物或器物的後面或下面。如須移動，最好匍匐爬行。

劫持或綁架

1.被歹徒劫持綁架的原因或方式各有不同，雖然遭遇的機率不大，但適當的戒備仍有必要。大多數國家基本上都不願跟恐怖暴力份子談判妥協，以免引發更多恐怖綁架事件。依國際法及慣例，地主國有保護其國民以及境內外國人之責任，遇劫持事

件，會設法使人質能安全獲釋。

2. 劫持綁架事件最危險的時刻，通常是事發之初與最後階段。開始時，歹徒常會很緊張、衝動，而且也會失去理智。因此，保持鎮定、機警及自制，極為重要。

如不幸遭劫持或綁架：

1. 不要反抗，也不要有突發或威脅的動作。除非有成功的把握，否則不要掙扎或企圖脫逃。

2. 盡力放鬆心情。深呼吸並在心理及身體上要準備接受有一段嚴酷考驗。

3. 不要惹引注意，也不要正眼注視歹徒，更不要表現出很注意他（們）的動作。

4. 不要喝含有酒精的飲料，而且不要吃太多喝太多。

5. 採取被動式合作態度。講話要正常，不要抱怨，不要挑釁，盡量依照歹徒無涉重大傷害的要求行事。

6. 回話力求簡短，不要主動提供情報，或做不必要的建議。

7. 不要逞強，以免害己害人。

8. 保持對個人尊嚴的重視，並逐步要求給予舒適的待遇，但所提的要求需合理，並保持低調。

9. 如果劫持綁架時間已拖長，要設法跟歹徒建立並改善彼此關係，但要避免觸及政治或可能衝突的話題。

10. 擬定一份每日身心活動計畫。可提出你想要或需要什麼東西的要求，譬如藥物、書刊或紙筆等。不要害怕。

11. 歹徒給什麼，就吃什麼。不要悲觀失望。切記你是歹徒的重要資產。你的生命，對他來說，是非常重要的。

駐外館處能提供的協助與服務

1. 如果打算在同一個國家或地區停留兩週以上，或當地曾有戰亂、暴動或災變，或是準備到偏遠的地區，最好在出發前先上

本局網站「旅外國人動態登錄網頁」登錄相關資料，到達後即與鄰近的駐外館處聯繫。如此，萬一你遇到暴亂或天然災害，需要緊急救助時，你可獲得快速的協助，我們可以盡力安排你疏散回國或至安全地區。萬一護照遺失或被竊，我們可以為你補發護照或核發入國證明書，讓你持憑返國。（請先取得當地警察局報案證明並準備兩張照片。）

2. 如果生病或受傷，亦可洽請駐外館處協助，推薦較合適的醫生、醫院，亦可代為通知你在國內的親友，及協助代轉款項。

3. 如果你因財物遺失或經濟困難而無法返國時，我們可以為你聯絡親友，取得來自國內的經濟援助，並協助安排返國。

4. 如果你遭到逮捕、拘禁或入獄時，請記住：依國際協定或慣例，你可要求與我駐外館處人員聯絡。駐外館處人員在許可之情形下將前往探視並慰問你。如果你要求，我們可以為你通知你的親友，也可推薦合格之律師或翻譯人員，給予必要之協助，惟費用則須自理。

5. 如果你有法律糾紛，基於尊重駐在國法律及司法獨立之立場，駐外館處人員常不便出面協助解決你的困難，但仍能代為推薦律師或翻譯人員。

駐外館處不便提供的協助與服務

1. 干涉外國的司法或訴訟程序。

2. 找尋工作、找尋失物或申請工作。

3. 申請當地居留權、駕照、入學許可或工作許可。

4. 提供諸如旅行社、律師、調查員、翻譯、銀行、警察及類似之商業性及專業性之工作服務。

5. 支付旅館、律師、醫療、返國旅費及其他各種個人花費。

讀完這小冊子，相信你具有相當之出國旅行安全的知識。我們在此祝福你旅途平安愉快。

※行政院消費者保護委員會為方便消費者申訴及諮詢，建置「一九五○全國性消費者服務專線」，只要撥打 1950 四個號碼，即可直接轉接到當地縣（市）政府消費者服務中心，迅速獲得服務。

全文亦登載於本局網站。

外交部領事事務局

網址：http://www.boca.gov.tw

地址：台北市濟南路一段二之二號三至五樓

電話：(02) 2343-2888

參考書目

一、中文部分

1. 食的情趣　陳詔
2. 中外禮儀大全　董保軍
3. 觀光事業導論　詹益政
4. 餐旅業經營管理　詹益政、黃清鶴
5. 觀光局國際禮節
6. 外交部出國旅行安全須知

二、日文部分

1. 新海外サバイバルガイド　柘植久慶，毛利元貞
2. お金持ち氣分で海外旅行　邱永漢
3. 海外旅行絶対トクする裏ワザ　押鐘富士雄
4. 海外に出かける人が必ず讀む本
5. ホテルの中のヒソヒソ話　現代情報
6. 海外ひとり旅行　本城靖久
7. 海外ビジネスマナー入　梅島みょ
8. はじめてのテーブルマナー　坂村直樹
9. 外国旅行　宮垣武平
10. ホテルライフ入門　松本路子
11. 客船クルーズ，トラペル愛好会

三、英文部分

1. Every day etiquett, by peggy post
2. Western manners. by earl and Katharine willmott
3. Modern etiquett, by Gilgallon and Seddon
4. Manners, by Kate spade
5. 21st. century etiquett, by Charlotte Ford
6. Miss manners, by Judith Martin
7. Essential manners for men, by Petter Post

8. Etiquett today, by Moira Redmond

9. Etiquett for dummies, by Suefox

10. The etiquett advantage in business, by Peggy post

11. Emily Post's etiquett, by Peggy post

12. American and Japanese gestures, by Stephen N.Williams

國家圖書館出版品預行編目資料

國際觀光禮儀／詹益政著. －－二版. －－臺
北市：五南，2015.01
　　面；　公分
　ISBN 978-957-11-7995-7（平裝）

1.國際禮儀　2.觀光

530　　　　　　　　　　　104000589

1L27　觀光書系

國際觀光禮儀

作　　者 ─ 詹益政 (326.1)

發 行 人 ─ 楊榮川

總 編 輯 ─ 王翠華

主　　編 ─ 黃惠娟

責任編輯 ─ 盧羿珊

封面設計 ─ 童安安

出 版 者 ─ 五南圖書出版股份有限公司

地　　址：106台北市大安區和平東路二段339號4樓

電　　話：(02)2705-5066　　傳　真：(02)2706-6100

網　　址：http://www.wunan.com.tw

電子郵件：wunan@wunan.com.tw

劃撥帳號：01068953

戶　　名：五南圖書出版股份有限公司

台中市駐區辦公室/台中市中區中山路6號

電　　話：(04)2223-0891　　傳　真：(04)2223-3549

高雄市駐區辦公室/高雄市新興區中山一路290號

電　　話：(07)2358-702　　傳　真：(07)2350-236

法律顧問　林勝安律師事務所　林勝安律師

出版日期　2015年1月二版一刷

定　　價　新臺幣330元